朝阳，谢谢你

ZHAOYANG XIEXIENI

[日] 前田妙子　著
项琳琳　译

大连理工大学出版社

图书在版编目(CIP)数据

朝阳，谢谢你 / (日)前田妙子著；项琳琳译. —
大连：大连理工大学出版社，2020.9
ISBN 978-7-5685-2672-2

Ⅰ. ①朝… Ⅱ. ①前… ②项… Ⅲ. ①儿童小说－长篇小说－日本－现代 Ⅳ. ①I313.84

中国版本图书馆CIP数据核字(2020)第166673号

大连理工大学出版社出版
地址: 大连市软件园路 80 号　邮政编码: 116023
发行: 0411-84708842　邮购: 0411-84708943　传真: 0411-84701466
E-mail: dutp@dutp.cn　URL: http://dutp.dlut.edu.cn
大连图腾彩色印刷有限公司印刷　大连理工大学出版社发行

幅面尺寸: 130 mm × 185 mm　印张: 6.25　字数: 100 千字
2020年9月第1版　2020年9月第1次印刷

责任编辑: 海迎新　责任校对: 许姗
封面设计: 董振巍

ISBN 978-7-5685-2672-2　定价: 32.00 元

怎么说呢

做父母的，认为是见证着孩子的成长

而其实

父母的一言一行何尝不是深深映在孩子眼中呢

映在他们那双比父母更清澈更纯真的眼中

——相田光男

女孩用清澈的双眼，深情凝视着母亲对自己的爱。

母亲用最炽热的爱，坚强守护女儿到生命的最后一刻。

谨以此书，献给这位女孩和她的母亲。

献给所有身处困境的人们……

序

2008年1月21日，一个身患重症的小女孩去世了。那一年，她九岁。

这个女孩的名字叫“朝阳”，寓意“初升的太阳”。人如其名，朝阳短暂的一生都炽热而强烈。

在和朝阳相识的五年半的时间里，我曾见过她的各种神态和表情。而在她去世之后，每当想起她，浮现在脑海中的只有她的笑脸，一张如太阳般明媚又温暖的笑脸。

之所以会动笔写下本书，并不是想单纯地记录一个孩子与疾病抗争过程中的辛酸。而是希望通过本书将朝阳的状态分享给大家。身患重病，却仿佛可以若无其事地面对病痛，在她身上看不到丝毫的悲观与绝望，哪怕到生命的最后一刻，她仍对未来抱有美好的希望。她和健康的孩子一样欢乐无忧，即使每天都在经受病痛的折磨，却比任何人都开心快乐。朝阳对待生活的乐观态度震撼了我。

如果朝阳对待生命的态度，能够激励育儿过程中疲惫不堪的母亲，或正在饱受病痛折磨的人，或陷于生活困境而迷茫的人，以及所有最终都会面临死亡的人们，我愿意代替朝阳，以文字的方式将她的乐观和勇敢，将朝阳母亲的坚强和无畏传递给大家。

就像她深深地影响了我一样，如果她生命的力量能够传递给更多的人，朝阳的生命便会以另外一种方式延续下去。那么，对于失去了比自己生命还重要的孩子的母亲，也就是朝阳的母亲来说，也算是最好的慰藉了。

这对母女直面生命的勇气，对生命怀抱希望的力量，改变了我对生命的认识和对生活的态度。我想把这本书作为我对她们的回报送给她们，这也是我能送给朝阳最好的礼物了，因为朝阳最喜欢书了。

朝阳是快乐的，像太阳一样炽热明亮。因为朝阳的母亲用她顽强的意志力自始至终鼓舞着朝阳。希望通过本书，能够让朝阳在更多人心中成为一个温暖的存在，让她的生命永远延续下去。也希望书中的朝阳，能够成为她的母亲在今后生活中的寄托。

这个世界上，除了母亲，朝阳最爱的人要数她口中常提起的外公。在此，我很感激他们二位能够答应我的请求，一起参与到本书的写作中来。朝阳与妈妈、与外公之间有着数不清的回忆，我想把这些珍贵的回忆记录下来，为朝阳，为朝阳的家人，也是为我自己。在全书的最后一个篇章，是我们写给朝阳的爱的信笺。我仿佛能看到，朝阳在读到那些信时，脸上灿烂的笑容一如往昔。

我相信：美好的朝阳一定会把她的笑容、她的温暖，还有她的乐观传递给遇见这本书的你们。

前田妙子
于日本大阪府

遇见

儿童病房里的孩子们／2
初见朝阳／5
前田女士，请到朝阳的房间里来！／11
我想和前田阿姨多玩一会儿／15
精灵宝可梦／20
燃烧的梦想／25
只叫名字就可以／32
未能实现的愿望／36
特别的护身符／41
陀螺越是旋转，越会平稳而安静／44

陪伴

用爱背来的3000本书／52
外公手记（1）／56
外公手记（2）／59
外公手记（3）／61
外公手记（4）／65
外婆做的关东煮是世界上最好吃的关东煮／67
坐着轮椅去游乐场／71
我的生日是9月11日／76
哭有用吗／83
与母亲的两人三足／90

送别

未能亲手送上的圣诞贺卡／98
我的心里装满了一年中无数的——感谢／104
猜猜我有多爱你／109
约定的绘本／117
生命的纺线／125
儿童福利机构——W保育园／129
北极熊小白探险记／133
背后支持我志愿者工作的家人／138
对世间万物常怀感激／141
告别式／145

书信

朝阳，阿姨有话对你说／156
朝阳，外公有话对你说／166
朝阳，妈妈有话对你说／170
后记　181
致谢　185

（朝阳在病房）

（朝阳和妈妈）

（朝阳和外公）

（朝阳和前田阿姨、森女士）

遇见

儿童病房里的孩子们

2002年9月，我在这家医院的儿童病房做志愿者。

我从不认为自己有多么伟大的奉献精神，也从未觉得我作为志愿者特别做了什么。

我曾患有十多年的心律失常。2002年4月的一天，我因突发室性心动过速几乎失去意识。后经人介绍，来到这家医院就诊。同年6月，办理住院手续开始治疗。这里的医生给我做的并不是在当时被普遍认可的外科手术，而是一种叫作心脏导管射频消融的手术。这在当时，可以称得上是日本大多数普通医院都无法完成的最高水准的内科手术了。就这样，这家医院的医生成功地救治了我这个被心律失常折磨了太久的人。感谢救治了我多年顽疾的医生们。太多的感谢，也许一生都无法道尽。感恩心血管医疗技术最强的医院为我提供了最高水平的医疗服务；感恩自己生活在这个医疗强国。而且幸运的是，日本国民承担的医疗费用还是相对低廉的。

当初办理住院手续时，在“住院指南”的角落里不经意间看到“儿童病房志愿者”的字样。喜欢孩子的我，顿时便有了想去做这个志愿者工作的想法。这样一来，每次经过医院时，便有机会向这家医院和这里的医生表达我深深的谢意。说出来不怕大家笑话，从出院至今，我每次踏入这家医院的大门都会鞠躬致谢。

自那之后，我便开始了在儿童病房做志愿者的历程。最初只是想把我的感激之情尽我所能转换成有形的东西回报给医院，可未曾想，这份志愿者的工作却给我带来了更加珍贵的“财富”，并影响着我的一生。

所谓志愿者的工作，主要就是陪孩子们在游戏房里玩游戏。我们会陪学龄前的孩子们一起读绘本、做手工、折纸等；而上了小学的孩子们因为还要学习，所以我们只是偶尔到他们的病房陪他们一起做做功课；中学生的话，我们通常就会和他们一起聊聊天。

在这里，孩子们住院时长是不同的。只是为做检查而短期住院的孩子，他们会利用这段时间完成学校和补习班布置的作业；而需要长期住院治疗的孩子，只能将学习延迟，于是他们更希望和我们一起玩一些好玩的游戏。

从幼儿园至大学都拿满勤奖的我，从来没想过“能够上学”这件事有多么不易。相反，我曾几次设想，可不可以逃一次学呢？逃学得到的“休息日”会是什么感受呢？在做了儿童病房的志愿者之后，重新回忆起年少时这些幼稚的想法，羞愧无比。因为，在这里我看到了太多渴望去上学，却只能长期待在医院的孩子们。

何止不能上学呢，为了配合治疗，很多孩子的饮食都受到严格的控制，想喝点茶或果汁，都需要用量杯计量。就连吃饭时喝的蔬菜汤、酱汤，也都有规定的用量。如果不是在这里，我不可能如此深刻地体会到这般艰辛的生活状况。

这里有住院后出院再住院这样反复多次的孩子；有数月都不能出院，需要长时间治疗的孩子；有因患有心脏病不得不放弃挚爱的棒球、足球等体育运动的孩子；有因为知道自己患有心脏病的问题而纠结要不要向心爱的女友求婚的二十来岁的青年……每每触碰他们的内心，我便备感心痛。

初见朝阳

大约是在做志愿者的一两年后，我发现患有重度先天性心脏病的孩子们当中，一个叫朝阳的小女孩病情最为严重。

还记得第一次见到朝阳时，她才三岁。她的脸色有些青紫，鼻孔里插着氧气管，看起来十分难受的样子。那时的朝阳，还是刚好能坐到我怀里那么大，每次我给她读绘本时，都能感受到她的呼吸。

当然，我怎么也不会想到就是这个瘦小病弱的女孩，给我今后的人生带来莫大的影响。

记得有一天，她坐在我的腿上对我说："你知道吗？再过几天，医生就要给我做手术了，手术会让我的嘴唇变成粉红色的哦！是妈妈告诉我的。”没过多久，她原本发紫的嘴唇果然有了血色，呼吸也比之前顺畅许多。

那时，我和朝阳的关系还不是很亲密。关于她不久后将会出院，但出院后也只能去学校几个月而已，之后又不得不返回医院之类的私事，我们志愿者其实并不清楚。

那个春天，朝阳又迎来出院的日子。临走前，朝阳的母亲说：“朝阳，和前田阿姨合个影吧！”“好呀！”朝阳高兴地回答。就这样，我们在朝阳最喜欢的游戏室合了影。拍完照之后，朝阳显得有些忧伤，低着小脑袋像在想些什么。许久，终于抬起头：“我……也许还会回来住院的。如果……如果我再住院……那时，您还会在这里吗？”她有些伤心的样子，认真地说。

这时，朝阳的母亲向我使了个眼色，为了不让朝阳听到，她小声告诉我，朝阳在秋天还会回来住院治疗，日子已经定下来了。听到这里，我心里一阵酸楚，可怜的朝阳，正值无忧无虑、本可以尽情玩耍的年纪，却不得不反复住院治疗，真让人心疼。

“当然，我会的，阿姨会一直在这里的！”我笑着回答她，同时恭喜她出院。

没想到，那是朝阳出院时间最长的一次。那年秋天，朝阳再次住院后，就再没有长时间出过院。她大部分时间都待在医院里，只是偶尔可以得到医院的外出许可，能够回家住上一晚的日子更是越来越难得。朝阳过着和其他小朋友完全不同的生活。

之前和朝阳在游戏室里拍的那张合影，是我和她唯一的一张合影。春天的晨光中，一个六岁的小女孩因为马上就可以出院而欢欣雀跃。“可以回家了！可以去学校了！”她快乐的样子被定格在了这张照片上，这唯一的照片，成为我相册中尤为珍贵的一页。

“小学……朝阳只上完一年级的第一个学期……”这是2008年1月的一天，在朝阳已失去意识时，我从她的外公那里听来的。

朝阳从出生开始，就必须使用婴儿车里安装的输氧设备；随着身体的生长，朝阳三岁时，使用第一台轮椅；五岁时，换了第二台轮椅；七岁时，开始使用电动轮椅。

听朝阳的母亲说，由于电动轮椅的操作比较复杂，正常是不会批准儿童使用的。因此，当朝阳获得使用电动轮椅的许可时，轮椅公司的员工都感到非常惊讶。

朝阳在医院里备有一台非常可爱的专用手动轮椅，每当我们聊到这台轮椅时，她开心兴奋的样子，我至今都不会忘记。

“朝阳这台轮椅的颜色真好看，上面还有花纹呢，真可爱呀。阿姨只见过那种很普遍的深蓝色的轮椅，没见过带花纹的轮椅呢。”

“我家里还有一台更好的电动轮椅呢！”听我那么说，朝阳满眼欢喜地回答。

“哎？真的吗？电动轮椅使用起来一定很难，朝阳会用吗？”

“当然啦！很快就习惯了，我的电动车非常厉害的！用起来好方便，还很省力，超级棒的！”

她高兴地和我聊着。

朝阳所患的疾病，是一种叫三尖瓣闭锁的先天性心脏病，患病率约为十万分之一。听朝阳的母亲说，在她怀孕七个月的时候，便被诊断出来了。这个疾病，是心脏的右侧房室入口处管口闭塞，右心房与右心室的血流无法正常流通所致。

三尖瓣闭锁常伴有严重的并发症，包括心房间隔缺损（由于右心房与左心房间隔缺损遗留孔隙，造成肺部血液回流）、心室间隔缺损（右心室与左心室间隔缺损遗留孔隙，造成肺循环血流量增大，心脏负荷增加，从而导致全身血液循环系统障碍），更多时候还会并发肺动脉狭窄（右心室与肺动脉口，或肺动脉之间的血流通道发生狭窄）等症状。

不过，即便是这种重大疾病，患病儿童在一岁左右通过手术治疗大多可以恢复正常生活。然而朝阳却是不幸的，在她两个多月时，体征突然恶化，不得不提早接受心脏手术治疗。而我的孩子刚出生几个月时，我还整日在为他的脖子能挺起来了，他怎么还不会翻身呢，这些细小的生命成长变化时喜时忧。同样还是婴儿的朝阳却已经开始了与残酷命运的抗争……

朝阳母亲怀孕七个月时被医生告知的诊断，意味着朝阳降临到这个世界之前，就已经注定要与命运抗争，同时也意味着朝阳母亲所肩负的守护这个幼小生命的使命更加艰巨。

相比之下，自己那个时候只是一边听着医生对我说一切都很正常，一边放空地抚摸日渐增长的肚子，等待孩子出生而已。同样是母亲，作为母亲的起点却是如此不同。

“朝阳两岁的时候，医生就告知我们说已经尽力了。但是，朝阳却奇迹般地活到了九岁。感谢这里的医生，多亏了他们，朝阳的生命才得以延长，九年坚持下来并不容易，感谢他们让我和我的家人能够在最后告别式的时候，以一种安然的心态与朝阳告别。”我又回想起朝阳母亲曾经说过的这段话。朝阳能够渡过两岁时命悬一线的危机，实在不易。

若不是这个奇迹，我不会有机会从这个小女孩身上学到许多东西，更不会获得朝阳留给我的宝贵的“心灵财富”。我和朝阳相识，是在朝阳三岁的时候。是自我概念初步建立、自我独立意识和个性人格初步形成的重要阶段。仅仅三岁的朝阳，她那强大的精神力量震撼了这个比她多活四十余载的我。

朝阳，感谢你创造的奇迹，感恩与你相遇！

感谢这家医院，我想朝阳能够从多次危机中挺过来，除了她强韧的生命力之外，当然离不开这家医院医生们高水准的医疗技术。正如朝阳母亲所言，是这两者让朝阳奇迹般地闯过病危，勇敢地活到九岁。

前田女士，请到朝阳的房间里来！

儿童病房的志愿者每天都会轮换，我去的星期五这一天是我和森女士两个人。孩子多的时候会有七八个小孩同时在游戏室玩。这些孩子和健康的孩子不同，大多是一边挂着氧气瓶或打着点滴一边玩游戏。一下子照看这么多特殊的孩子，我和森女士两个人有时候还真是忙不过来。

“前田女士，麻烦您到朝阳的房间里来。”

“前田女士，请到朝阳的房间，朝阳在叫您。”

不知从何时起，像这样被护士召唤到朝阳房间的次数越来越多。

看着这个身体里装着心脏起搏器，带着吸氧机，打着点滴，水分摄取受到限制，不定期接受一次又一次疼痛难忍的检查和治疗，承受着比同龄孩子多几十倍痛苦的朝阳，我想我又能为她做点什么呢？只愿她在医院里多一些快乐的时光，哪怕一分钟也好。

我从小就喜欢逗别人开心，家人和朋友对我的评价都是“搞笑”。直到现在，我也喜欢有事没事开个玩笑什么的，特别是和孩子们在一起时，兴致就更高了。要说逗孩子开心我还是很擅长的，特别当自己的玩笑被全盘接收，看到孩子们笑得前仰后合的样子时，我就更加忘乎所以了。

以志愿者的平均年龄来说，我算是比较早开始从事这项工作的。有时还会听到孩子们说，我看起来比实际年龄更年轻，所以孩子们经常跟我讲：“和前田阿姨在一起玩就像和同龄人在一起一样，都忘记前田阿姨是个阿姨了！”也许正因如此，朝阳向护士们要求“我要见前田阿姨”的次数就越来越多了。

和我同样是大阪出身的朝阳，也是幽默感十足。因为我和朝阳平时看了很多搞笑的娱乐节目，很多时候我们会沉浸在喜剧的情景中。有一次，我模仿了日本一个拿着扇子男扮女装的艺人的样子，没想到第二周再见面时，朝阳已经提早把扇子给我准备好，十分期待地对我说："前田阿姨，我还要看上次你模仿的那个节目！"随后，还唤来了医生和护士，兴奋地说："大家快来看，前田阿姨模仿得可好玩啦！"

这……我最终还是跟她说，这个搞笑版艺人模仿是专门表演给朝阳一个人的，不可以公开，她才肯罢休。总算是逃过了在众人面前丢脸的一劫。

模仿那些搞笑艺人表演还是有些难为情的。只是看到朝阳每一次都无比期待，特别是当我模仿时她笑得前仰后合的样子，我便无暇去顾及什么丢脸不丢脸，只要能为朝阳减少哪怕一点点由于长时间治疗带来的痛苦，也是值得的。所以，我都会尽可能地想一些更诙谐的片段模仿给她看，朝阳每次看完我的表演之后都会紧紧抱住我，眼泪都快笑出来了。

身体状态好一点的时候，朝阳也会来游戏室和大家一起玩。只是那样的日子一年比一年少。住院治疗的孩子免疫力都很低，在游戏室里玩的前提是没有感冒，没有什么传染性风险。对我们志愿者的规定也是如此，稍微有一点感冒或不舒服的话，当天需要申请休息，以免传染给孩子们。

虽然朝阳的病没有传染性，但由于病情比较严重，若不小心被传染到感冒什么的就很麻烦，所以需要格外小心。护士每次给朝阳开具“游戏室入室许可”都很慎重。

不得不长时间待在医院里，水分和盐分的摄取受到限制，甚至每天在哪里玩、可以玩多长时间都要受到限制的朝阳，只能眼睁睁地看着其他小朋友出院并和他们道别。尽管每一周只有短暂的时间与朝阳相处，但我都想尽最大的努力给这样的朝阳带来快乐。

有一次，朝阳被我的玩笑笑到差一点呛到，我担心地对她说：“好危险，小心小心！阿姨真是一个不靠谱的志愿者啊，对不起。”

还有一次，我们一起玩在商店卖东西的游戏时，“这个店员，太搞笑太好玩了，我快笑翻了。这回我来当店员，前田阿姨就老老实实地当顾客好了。”和朝阳互换了角色，我也会使出浑身解数把她逗得捧腹大笑，朝阳拽住路过的护士说：“前田阿姨真是太好玩了，我笑得肚子都疼了。”我后来调侃她：“阿姨要是再这样肆无忌惮地逗你开心，估计快被解雇了。”

我想和前田阿姨多玩一会儿

与病魔长久的斗争使朝阳变得越发坚强，可说到底，她毕竟还是一个孩子。朝阳也有自己的喜好嫌怨，也会和别人斗嘴吵架，时不时也会使性子，就像普通的孩子一样。偶尔我和其他小朋友聊得开心时，朝阳会撅起嘴一副不高兴的样子。

有一天和朝阳正玩着，看她坐立不安，不停地摇摆身体，还以为她又不舒服了，急忙问她：

“朝阳，你怎么了？没事吧？”

“嗯，我没事……快点玩吧！”

想必是我太紧张了，既然没事就又一起玩了起来。

可怎么看朝阳的样子都很奇怪。“啊，我知道了。朝阳，你是不是想去卫生间呀？”

听我这么一问，她像是秘密被揭穿了似的：“呃，想去是想去……可是要是去卫生间，和前田阿姨一起玩的时间就少了，我才不要去！我会忍忍的，坚决不去！”

“这个不能忍的，这样对身体不好，那前田阿姨陪你一起去，我在卫生间门口等你，一边等一边和朝阳聊天，好吗？不去可不行！”

“哎？可是正玩到一半呢。”

“好啦，有这说话的工夫，都够去卫生间了。走吧！”

像这样，为了和我多玩一会儿，朝阳连去卫生间的时间都觉得浪费。

每天上午，医院会给孩子们发零食，这时朝阳又会说：“时间用来打开零食袋儿真是太浪费了，不吃了！”

“如果朝阳觉得拆零食袋儿的时间浪费，阿姨帮你打开好了。”

“前田阿姨打开不也一样吗？反正那个时间不能一起玩呀！”

就这样，朝阳一心只想和我多玩一会儿。

像朝阳这样长期住院治疗的孩子，保育学校的老师会定期来医院指导他们学习。原定在周五上课的朝阳，也不知什么时候，自己就和老师商量着更换了日期。怪不得有很长一段时间，每个周五，我都没有看到朝阳和老师在一起。

“这段时间，朝阳跟老师认真学习了吗？不会是……逃课了吧？”

“才没有逃课呢！嘻嘻，还是被你发现了。可是星期五，前田阿姨好不容易能来我这里，如果把时间都用在学习上，那太可惜了。所以，朝阳拜托老师调了日期哦。是不是一个好主意啊！Lucky！”

朝阳双手摆出胜利的姿势，天真地笑着。

只要我们在一起玩，她总是争分夺秒的样子。每当我快要回去时，她一定会问我好多次：“现在几点了？还剩几分钟？”

“看在朝阳今天吃饭吃得很好的份儿上，就再赠送15分钟吧！”

一听到我这样说，她便兴奋地大喊：“太好啦！”连在走廊里的人都能听到她的叫声。

朝阳和其他普通的孩子一样，在吃东西这件事上也很挑剔，特别是吃虾肉米饭时，哪怕米饭里有一点点洋葱或青葱之类的，她就坚决不吃。每次吃虾肉米饭，打开饭盒的那个瞬间，我们便不约而同地对视，然后“唉”地发出一声叹息。

因为朝阳手上带着输液管和测氧仪，所以吃起饭来很不方便，我就要负责帮她挑出她不喜欢吃的东西。其中，挑绿色的小葱叶已经算是很轻松的了。

“朝阳，洋葱粒儿和米饭粒儿是一样的啊。”

“一点都不一样！米饭很好吃，可是洋葱太苦太难吃了。”

“反正看起来是一样的，都吃掉吧！米饭和洋葱都对身体很好的。”

“为什么啊？米饭粒儿和洋葱粒儿长得也不一样呀？”

“那是因为朝阳的眼睛好，马上就能分辨出哪个是米饭粒儿，哪个是洋葱粒儿，可是阿姨年龄大了，看上去都是一样的。”

“阿姨是什么眼神啊！那我自己来挑！”

“你看看，哎哟，挑食好麻烦，像阿姨一样多好，一点都不挑食，直接都吃了多轻松啊。”

“但是，前田阿姨不是也说过，去吃回转寿司的时候，不吃肥的金枪鱼和三文鱼吗？那就是说，前田阿姨也挑食啊，不吃肥金枪鱼和三文鱼的人生，好亏哦！”

和小孩子争论起来，自己也当真了。

后来，我们就从挑食的话题转到寿司的话题，光是玩寿司店过家家的游戏就玩了好多遍。

精灵宝可梦

朝阳非常喜欢“精灵宝可梦”，爸爸妈妈给朝阳买了几十个“精灵宝可梦”的玩偶。每多增加一个，朝阳都开心得不得了。而对我来说，这个“精灵宝可梦”是我和朝阳在一起玩的所有游戏最难的一项。

“看，又多了一个！”

我刚一进门，就看见朝阳早已准备好新买的玩偶，等待着我的到来。朝阳看到我进来，便迫不及待地将宝贝玩偶拿给我看，喜悦与兴奋之情溢于言表。

“又，又多了一个？太……太好了。阿姨也不知道是好还是不好了……”

“当然是好啦。哦，我知道了，前田阿姨是因为还要再记住一个新宝可梦的名字而发愁了，是吧？”

“朝阳你可不知道呀，到了阿姨这个年纪，再去记新的东西好难啊。”

“不行！好不容易记住那么多名字，决不能放弃！前田阿姨可是所有志愿者里唯一能做到的哦。”

真不知道自己为何要坚持，坚持到被朝阳这样夸奖，那些不得不记住的宝可梦的名字真是多到令人崩溃。

有一次，我偷偷往围裙兜里塞了一张写着角色名字的纸条，没想到被眼尖的朝阳发现了。

“前田女士，作弊是不好的行为！不能再有下次了哦！”

纸条被没收了。

“好的，好的，朝阳老师。”

“‘好的’说一次就可以了。接下来，请把上周记住的各个角色的名字再说一遍！”朝阳完全是一副老师的样子。

怎么说，我也是在“朝阳老师”的多次灌输纠正中被锻炼出来的人了，对于那些名字，我还是很有自信的。那天，30个宝可梦的名字，我全部答对了。刚要松口气，心想着这一回，这个难缠的“精灵宝可梦讲座”终于可以结束了吧。

“不愧是前田阿姨，这次全都答对了。另外，这些宝可梦会不断进化，下次我就教你它们进化后的新名字吧。”

新名字？！天呐，我心想：“千万不要再教我了……”

“进化？不用再进化了吧，阿姨好不容易才把原来的名字记下来……”

“前田阿姨说不要进化，可是他们还是会自动进化的，没办法啊。好了好了，听我说，例如：‘皮丘’长大了会进化成‘皮卡丘’，然后‘皮卡丘’又会进化成‘雷丘’。是不是很有趣？”

我心想：“一点都不有趣……好复杂的宝可梦们……”于是十分不安地问朝阳：“接下来还会有谁要进化？”

“有呀！‘小火焰猴’‘猛火猴’‘烈焰猴’，除了这些还有很多，那今天要把进化后的名字都记住才算合格哦。”

我看了一眼时钟，刚好到时间了！

我特意显出非常高兴的样子，手指着时钟让朝阳看，朝阳却故意装作没看到的样子，摆出一副严厉老师的架势，丝毫也不理会我的暗示，继续向我发问：

“那我问你，‘皮卡丘’是怎样进化的？”

“‘皮丘’，然后是……‘皮卡丘’，然后是……‘雷丘’。”

“这不是记住了嘛。”

虽然获得肯定，但我已精疲力竭，根本高兴不起来，可是老师依然不准备放过我。

“前田同学，请回答一下‘小火焰猴’的进化过程，来，加油！试着讲一下！”

“小火焰猴……火猴……火……回家……焰……焰（让）我合格吧……！”

“不对！是‘小火焰猴’进化成‘猛火猴’，最后是‘烈焰猴’。不许开玩笑！”

“老师，下周我不想来上学了。”

我就像一个讨厌上学的孩子一样哀求着。

“逃学？！先要记住进化，之后还需要记住它们所有的技能呢。还没学会进化，就说不想来上学？”朝阳吃惊地说。

其实，分角色扮演老师和同学是朝阳最喜欢的游戏了，每次都玩得特别开心。即便如此，我好不容易才记住《精灵宝可梦》

中30个宝可梦的名字，这下宝可梦又要进化，还要记住它们进化后的名字，最后还要记住它们各自的技能。即便拥有年轻时的记忆力也做不到呀！

“等你记住所有的技能后，我们就可以作战了！”

朝阳一副开心的样子，我已经快崩溃了。心想：“记住技能再一起作战……快放过我吧！”说起这些复杂的技能，连朝阳老师也是一边看说明书一边教给我的，实在不靠谱。

不过说起来，还得感谢朝阳，让我的大脑年龄至少年轻了五岁。一位有个和朝阳同岁孩子的护士对我说：“您真是太厉害了！我为了我的小孩也才记住了十来个而已。”听到这样的夸奖，我有些惭愧。

现在朝阳已经走了，“精灵宝可梦讲座”也不复存在。当时那些苦涩的记忆如今却倍感怀念，好想再上一次朝阳的课啊。

燃烧的梦想

朝阳四五岁时梦想成为一名护士，那是她一直向往的。心灵手巧的朝阳用白色的图画纸做了一顶护士帽，她将那顶护士帽摆放在自己的床头。

当她戴上护士帽的时候，我对她说："正合适呢！朝阳那么亲切可爱，一定能成为最好的护士。"听我这样夸赞她，朝阳更开心了。

随着朝阳渐渐长大，她开始有些遗憾地说："朝阳看见血会害怕，看来不能成为护士了。"但是她仍梦想着有朝一日能够在医院里工作。

"在医院里工作的人，需要乐观亲切，还要吃苦耐劳。这样病人才会高兴起来。朝阳做这样的工作正合适！”

听我这样说，朝阳只说了句“真的吗？”，然后便凝视着别处许久，像是在憧憬着早日成为未来那个实现了梦想的自己。

后来又长大一些，直到生命最后一两年时，聪明的朝阳似乎已经察觉自己的病情正在恶化，然而她从来都没有问过“我的病会好吗？”“我还会有将来吗？”这样的问题。哪怕有一点小烦恼都会来找我商量的朝阳，却从未说出一句对未来失望的怯懦言语。

“再过些年，阿姨变老了，身体也不好了，就去朝阳工作的医院哦，到时候就拜托朝阳喽。”

听我这样说，朝阳仿佛又憧憬起未来的样子，眼睛里闪烁着光芒。

“前田阿姨变老的时候……对了，前田阿姨今年多大？”

和小孩子聊天，说着说着就跑题了。

“你看阿姨像多少岁呢？”

房间里的其他孩子们也不约而同地注视着我。

“三十八岁？”

“应该更年轻，三十二岁？”

“没有那么年轻啦，我觉得是四十一岁左右。”

病房里飞扬着各种猜测。

“哈哈，我真是太喜欢你们了，这个房间里的孩子们我都喜欢！谢谢！”

“……嗯，就是说年龄应该更大一些？啊！对了，阿姨您有小孩吗？要是有的话，小孩今年几岁呢？”

听到旁边中学生的提问，朝阳马上作答：

“我知道！二十五岁和二十三岁。”

看着朝阳得意的样子，同屋的其他姐姐们不由得笑道：“朝阳知道啊，怎么不早告诉我们呢？”

“好，先聊到这里，朝阳，阿姨来问你一个问题。”我决定考一考朝阳。

“哎？又要回答问题啊？”

按照以往，我要是让她回答问题，一般都是和学习有关的。所以朝阳一听到回答问题，就很打怵。

“朝阳刚才猜阿姨今年四十一岁是吧？那前田阿姨应该是分别在几岁和几岁的时候生的小孩呢？”

“啊——讨厌的数学又来了！”

看到其他姐姐们都在用“朝阳加油”的眼神看着自己，朝阳拼命地算了起来。

“太难了！好难啊……生了两个小孩……”

“那这样吧，先算一个也可以，试试看。”

“朝阳，四十一岁应该不对，照朝阳的猜测前田阿姨十六岁就生小孩了，那和我一样还是高中生呢。不太可能吧？”

年龄大一点的高中生姐姐忍不住开始援助朝阳。

“实际上，阿姨今年四十九岁。所以，应该是几岁生的小孩呢？算算看。”

“不管几岁了，算数就是好麻烦！再说，朝阳也不用去学校，干吗要做算术题呢？”

不想做题于是就耍赖。这个时候，朝阳看着我，像是突然想起来什么的样子说：

“好吧好吧，‘也许不一定什么时候就可以去上学了呢’是吧？”

“对！朝阳还记得啊。”

“当然记得。前田阿姨还说过‘了不起的医生们每天都在研究新的药品啊，手术啊，研究到很晚。说不定什么时候就出现魔法一样的药物可以治疗朝阳的疾病了，还会有很厉害的手术可以把朝阳的病治好’……对吧？”

“对，不是开玩笑哦。就比如现在的这些药啊，还有手术什么的，在以前也都是没有的，新的治疗方法不断出现，所以才会有好多病都能治愈呢。”

之前，朝阳特别讨厌学习的时候，我跟她这样讲，她惊讶地睁大眼睛说“原来是这样！”。看她又佩服又高兴的样子，在那之后，我就时不时跟她这样讲。

我想让朝阳抱有希望！我不想看到还不满十岁的朝阳放弃自己的未来！所以和朝阳在一起时，哪怕几分钟也好，我会偶尔转移话题，出一些加减法、汉字之类的测试考考朝阳。

对于和前田阿姨在一起玩的时候，连上厕所和吃零食的时间都觉得浪费的朝阳来说，即便是拿出几分钟时间切换成学习模式，她都不愿意。但是我内心坚持认为，这短短的几分钟，是鼓励朝阳拥抱明天和希望的非常珍贵的时间。

“说起梦想，我知道这个梦想肯定是不能实现的。其实……朝阳好希望前田阿姨也能变成我的妈妈，我能拥有两个妈妈就好了。”

像一只小考拉一样黏在我身上撒娇的朝阳实在太可爱了。

我想朝阳对母亲的爱，与普通的孩子相比，有着更特别的含义。朝阳的母亲守护着生病的女儿，无时无刻不与女儿在同一战线上与病魔作战，她是母亲，也是朝阳最坚强的后盾。每当朝阳谈起妈妈，从她的眼神中就能感受到只要妈妈在就能活下去的力量。

所以，当听到朝阳说希望有第二个妈妈的时候，我感到震惊，也感到欣慰。

朝阳的母亲在给我的邮件中这样提到：希望前田阿姨也能成为母亲这句话应该是朝阳对您的爱的最高谢意吧。我想，这同时也是朝阳对前田女士一直以来给予她那么多疼爱的最好的回报和证明。我从内心里感到高兴，真诚地感谢您。

收到这样的邮件，我很感动。我想，我会把与这对母女的情谊作为一生最珍贵的礼物收藏。

在讲述梦想的同时，朝阳也不时把她的烦恼和忧虑倾诉给我听。

“这是只对前田阿姨说的哦。可不能告诉护士阿姨们或者其他人，好吗？一定要帮我保守秘密，好吗？”

朝阳八岁的时候，她开始悄悄地跟我讲述她所认为的非常深刻的困惑，以及她对家人的担忧。面对朝阳的不安，我很认真地和她讨论那些问题，每次都陪她聊到最后。朝阳是一个明事理的孩子，她很懂得别人的诚意，并会用自己的真心去回报别人。也正是这样，儿童病房里的孩子们都喜欢朝阳。

只叫名字就可以

在这家医院里，除了朝阳之外，瑞希也是一直在长期住院治疗的孩子。我第一天作为志愿者去医院工作的时候，瑞希领着我熟悉了整个儿童病房的环境，就好像给新来的转校生介绍学校似的。瑞希比朝阳大四岁，是朝阳最要好，也是最经常斗嘴的朋友。在彼此陪伴的长时间的住院生活中，朝阳和瑞希相处得如同姐妹。

“哎呀，怎么又吵起来了？你们两个就不能好好玩吗？难得能在同一个房间里……”

“是朝阳不对啦！”

“是瑞希不把玩具还给我，是瑞希不对！”

曾经两个人在一起，总是像这样为了一点小事就针锋相对。现在，朝阳已经不在了，不敢去想象瑞希的内心有多么寂寞和难过。她们俩不单是在同一个房间里吃饭睡觉而已，而是从小开始，一路走来，共同经历检查前日的不安，共同承受着没办法向父母撒娇的寂寞，共同克服不得不一直躺在床上的焦躁和苦闷。

在朝阳失去意识那天，我收到朝阳母亲的联络，慌张地跑来医院。瑞希看到我便抽泣起来："今天又不是星期五，前田阿姨为什么来医院了？是朝阳发生什么事了吗？是吗？"

那时只有瑞希一个人过来问我，她担心朝阳的病情，却又束手无策。看到在医院走廊里走来走去的瑞希，就知道她们之间的情谊有多深了。

朝阳去世的第二周，瑞希见到我后跑了过来。她哭了，什么都没有说。

直到朝阳月命日第二天，我们再次见面瑞希才第一次谈起朝阳。我想，在朝阳离开我们的这一个月的时间里，瑞希应该没有一天不在思念朝阳吧。

"朝阳和我……在一起五年……"

"……"

我的心里也在说："是啊，瑞希，阿姨和朝阳相处也有五年了……"看到瑞希好不容易才肯提及朝阳的名字，脸上流露着无法言表的思念与寂寞，我的内心很难受，什么都没能说出口。

那时，没有什么语言可以瞬间让瑞希变得明朗。瑞希与朝阳是怎样相互安慰、相互支撑，共同走过那五年……不用说也能想象得到。我们只是简单聊了聊曾经和朝阳在一起时熟悉的片段。已是初中生正值敏感期的瑞希，接下来会以怎样的心态去看待自己的病情，以怎样的心态去接受好朋友的离世呢……我想这些对她今后的生活都会产生深刻的影响吧。

还记得，这两个孩子同住一间病房时，经常会看到身边其他小朋友出院，而那一阵子正是她俩被禁止外宿和出院的时期。有一天，我问她们俩：

"叫你们两个人的名字——'瑞希ちゃん''朝阳ちゃん'的时候都要在名字后边带着'ちゃん'，咱们可不可以去掉'ちゃん'，直接称呼名字呢？怎么样，你们觉得呢？"

这两个孩子几乎同时开心地回答："不加'ちゃん'！"

在日本，称呼别人名字时，为了表示敬意，通常在名字后面

加上“さん”这类的后缀词，称呼小孩子时，一般加“ちゃん”这样的昵称。只有在关系非常亲密或是家人之间，才会去掉“さん”和“ちゃん”，直接称呼名字。

想起在我上大学时，去过一个照顾长期与父母分离的孩子们的福利院。印象最深的是，那里的老师们在喊孩子们名字时，都去掉了名字后面的“ちゃん”，直接叫他们的名字。对孩子来说，感觉就像是在被自己的父母呼唤一样，与老师之间的距离缩短，可以随意地和老师撒娇。

所以那天忽然想起这件事时，就顺便提了一下，果不其然，她们非常赞同。在儿童病房那么多孩子当中，我只对朝阳和瑞希这样称呼。于是从那天起，这几年来我都一直叫她们“瑞希”“朝阳”。

就在最近，朝阳的母亲还发邮件给我，里面提到：前田女士那个时候改成直接叫朝阳名字的事，至今我都记忆犹新。因为我在较早之前就和朝阳说过，只有很亲近的人才会直呼对方的名字。我们家里人在喊朝阳时也都直接叫朝阳。所以我对这件事印象深刻，朝阳当时特别高兴地对我说：“妈妈，前田阿姨也叫我朝阳呢！”

未能实现的愿望

据我所知，因为这家医院里聚集了很多重症儿童，所以医院偶尔会邀请一些名人来鼓励孩子。

有一天，朝阳和我讲述某次名人到来时的场景。

“前几天，井口选手，还有其他一些棒球选手来医院看望我们了呢。可是，他们每个人都长得又高又大，还被晒得黑黑的，我有些害怕，并不是很高兴。因为朝阳喜欢的是‘KAT-TUN’里的龟梨君啊！”

“是这样啊。那朝阳也没有和井口选手握手吗？”

“嗯，没有，我跑得远远的。”

“真是太可惜了，要是阿姨的话，一定不放过每一位选手，去挨个握手呢！”

“后来我突然想到，要是我给龟梨君写信的话，他是不是也能来医院呢？后来好不容易写好了信，却忘了写医院的名字。唉，那有什么用呢……”

朝阳遗憾地嘀咕着。

听她这么说，我不禁想，如果能帮朝阳实现这个愿望该多好。于是我瞒着朝阳，开始想各种办法。

龟梨君的粉丝俱乐部、日本特别电视节目《24小时电视：用爱拯救地球》，还有报社……我在脑子里想了各种方法，但最终都没能执行成功，日子就那么一天天过去了。

2007年的秋天，又要到圣诞节了，我心想，如果今年能实现朝阳的愿望，她一定会非常高兴的。于是我向一家报社投了稿，这家报社曾刊载过我写的文章，然而，同样没有得到答复。是继续再投一次稿试试，还是再想其他办法呢？就这样时间又一点点过去了。

其实，在2007年年末，我已明显感觉到朝阳的身体状况恶化。我多么希望能够突然想到一个可以实现这个愿望的办法，然后作为大大的礼物送给她，也许这样朝阳的精神头就能好一些。

可终究还是不知如何是好，我一天比一天焦虑。

明明知道，如果为朝阳实现了这个愿望她会多么高兴，然而直到最后，我都无能为力。如果说，在与朝阳相处的日子里是否有遗憾，那就是这个了。

直到后来，我才察觉到：自己曾从去年夏天开始就一直不能释怀的这份懊悔，也许不是因为朝阳最终没能和偶像见面这件事，而是由于我的努力和能力不足，才没能帮助朝阳实现愿望的事实。

也正是这份懊悔，让我坚定了决心——我要把朝阳的生命记录下来，让更多的人了解到朝阳的人生。

去年（2007年）夏天，从伊拉克来日本接受治疗的两位重症心脏病的孩子，在这家医院接受手术治疗后奇迹般痊愈并康复出院的事情，被日本多家电视台做了大幅报道。而这两个孩子刚好住在朝阳住过的病房。我投稿的那家报社的记者也前来采访，遗憾的是，他们把焦点全部放在了这些孩子们的病情上，并无暇顾及我之前投稿的关于朝阳的小小的愿望。我在心中呐喊：“同样在这间病房里，曾经有一个住院好多年，一直在和病魔顽强斗争的孩子啊！”

我和这两位伊拉克的孩子在游戏室里玩过几次，也很喜欢他们。到他们出院时，我们已经很熟识了，他们俩赖在我的腿上不走，还在我耳边像讲悄悄话一样，用刚学会的日语向我道别。我和他们的父亲也有过几次交谈，共同分享手术成功的喜悦。看到他们活力十足的笑容，我从心底感到高兴。

我不禁感慨，正是日本先进的医疗水平、这家医院医生们精湛的医疗技术，以及这里所有医护人员的尽职尽责，才能让来自医疗服务水平落后的伊拉克孩子得到救治。孩子们回国之前说："我还想来日本。"

这当然是让每一位日本人都为之自豪的新闻，所以不仅是我投稿的那家报社，其他好多报社也都在着重报道。

然而，看着这条被反复报道的"高难度复杂手术在日获得成功"的新闻，我的心里却感到莫名的悲伤。在这个被反复提及报道的房间里，曾经还有一个和疾病顽强斗争的孩子，而此刻，她几乎被人遗忘……

我想说，我一周只来一次医院，尚能明显地感受到这里医护人员的尽职尽责，他们全心全意的付出丝毫没有在报道中得以体现，只是在说当今处理紧急突发性病症的医生正在逐年减少什么的。然而，此时更应该被重视的难道不是这里小儿心血管科所有医护人员的付出吗?

过来巡诊的医生无论多么繁忙，与孩子们对话时目光都变得柔和了。这里是全日本最好的心血管科专科医院，聚集了全国各地前来求医的患者，医护人员不分昼夜地坚守在孩子们身旁的辛勤付出哪怕被稍许提及也好，整个病房里病情最严重的朝阳的存在哪怕被报社的人稍许察觉也罢。此刻，我一定会是另一番不同的心境。

光鲜的事物总是容易吸引人的眼球，把焦点集中在那里不是不能理解，但不知为何，我内心的落寞却始终无法褪去。宁愿牺牲自己的生活也要陪伴患病儿童与病魔抗争的医生，还未来到这个世界便开始与母亲并肩与病魔抗争的孩子，为何没能成为被关注的视角?

我曾迫切希望看到朝阳有一天能与她的偶像见面，对朝阳来说那一定是既紧张而又幸福的时刻，然而我却在给报社投稿无果后轻易放弃，仅仅将努力停留在一封投稿里。我后悔当初没能再坚持一些，后悔自己的犹豫不决，使得最终没能在属于朝阳的最后一个圣诞节时成为实现她愿望的圣诞老人……

特别的护身符

我们这些医院的志愿者都统一穿着医院配发的围裙，佩戴着自己的姓名卡。在我的姓名卡背面，夹着一枚小小的三明治模样的纸片，还有一枚天蓝色的护身符。这些年，我一直将它们和姓名卡佩戴在一起。

这枚三明治纸片，是有一年孩子们在吃圣诞节午餐时朝阳做给我的。记得当时我很羡慕地说："看到这么美味的食物，阿姨都觉得肚子饿了！"

听我这么一说，朝阳便快速地，在一张边长只有三四厘米的白色三角形纸片上，贴上了绿色、粉色、红色的小纸条，然后告诉我："黄瓜、火腿，还有西红柿，都加在里边了哦！前田阿姨总是看着我们吃饭，肚子很饿吧？饿了就吃这个吧！”那个三明治做得非常好。

当时朝阳只有四岁，当我拿着“三明治”做出吃得很香的样子时，朝阳好一副开心满足的样子。房间里其他的孩子看见后，也争先恐后地说：“那我也要做一个送给阿姨！”“这个贴纸送给你！”……最后，我的姓名卡上只能勉强看见我的名字和照片，剩余部分都贴满了孩子们送的贴纸。

“这个是好朋友的标志，要一直带着它哦！”有时候，出院的孩子也会送我一张贴纸。孩子踮起脚使劲向上，把收藏的最喜欢的贴纸贴到我的姓名卡上的样子非常可爱。只是不管内心有多么不舍，这里是医院，只能从心底祝愿他们不要再来这里，一定要健康地成长。

这枚天蓝色的护身符当然是朝阳的作品了，朝阳最喜欢天蓝色。这是她用一张两三厘米长的带有细小图案的天蓝色折纸做成的，上面有“护身符”的字样。的确是做得太精巧了，其他孩子们看到之后，都惊讶地说：“这个太棒了！就像真的一样！”这是一枚得到大家一致好评的护身符。

也许是从小时候起，就有很多人会给朝阳送护身符，以祝愿她早日康复。所以，朝阳格外懂得疼爱自己的人为自己祈祷的力量。

“喏，这个送给你！”

“这个就像真的一样呀！给阿姨做了这么好的礼物呢！感觉朝阳做的这个护身符真的会起作用！”

朝阳当时没说什么，后来听朝阳的外公讲：“她是个爱做手工的孩子，经常认真地做各种小物品，但是她说护身符是特别的。看来她是认定护身符只能送给特别重要的人。”

这枚护身符的意义，是朝阳失去意识之后，她的外公告诉我的。那时我才明白，我在朝阳心中是多么重要。

这枚小小的满载着心意的护身符对我来说意义非凡。每每看到它，就会有一股强烈的力量触动着我，那也许就是朝阳人生中蕴含的力量——温柔背后被病痛磨炼出来的刚毅，可以将痛苦的病床生活过得明朗又欢快的力量。

陀螺越是旋转，越会平稳而安静

我时常会想，这么多年的病床生活，每天从早到晚，该有多么枯燥乏味。而朝阳却说："外公总笑我怎么那么忙，可是我真的就是很忙啊！"

朝阳这么说并不奇怪，因为她的确是一个比别人更能发现事物美好一面的人。

怎么会那么忙呢？除了必须要做的测量体温、测体重、各种检查和治疗以外，朝阳的日程被排得满满的，她还有更重要的事情要做，那就是她给自己制定的想要完成的目标——对自己喜欢的人，照顾过自己的人表达感谢。朝阳希望用各种各样的方式将自己的感谢传达给爸爸妈妈、爷爷奶奶、外公外婆、医生护士，还有包括我在内的人们。

朝阳在世上最爱的人，也就是她的妈妈的生日到来之际，她每天都在琢磨，该给妈妈送什么礼物。有一天，我刚走进病房，朝阳就以一贯的大阪方言开始兴奋地讲起她的送礼物计划。

“我决定了！朝阳要做一本绘本送给妈妈。”

“好厉害！朝阳还会做绘本？”

“嗯，是的！我一定要做一本！然后再搭配一个特别的东西一起送给妈妈。”

“这么豪华！要搭配什么东西呢？”

“秘密……秘密……”

当时她的表情别提有多激动了。不必等到她的作品完成，我已从内心深深地感受到：朝阳有这份心意就已经足够了，已经是送给妈妈最好的礼物了。朝阳用如此真挚热烈的情感期待和祝福着妈妈的生日……我不由心生羡慕。

终于想到了最好的主意，朝阳自信地开始准备起来，为了能赶在妈妈生日之前完成，朝阳铆足了劲儿。到底要在这个生日礼物上附赠什么东西，朝阳还是不松口，“到时便会揭晓！”她敷衍着说。

没过几天，绘本果真做好了。虽然只有两三页，却做得如同真的绘本一样，可以展开书页，里面可爱的图画和文字描绘着朝阳与妈妈温馨的一天，一个再可爱不过的小孩子的手工绘本作品。

绘本里，在一个不是医院的地方，朝阳和妈妈一起度过的那一天是那么欢乐。我看着绘本，心里想象着朝阳的心愿，不禁眼眶湿润了。

“还有就是这个啦。今天就告诉你吧！”

朝阳一副得意的样子从床边的抽屉里拿出一样东西，是送给妈妈的绘本之外的另外一个礼物。用一张不知从哪里得来的漂亮的和纸包裹着，这包装……果然是小孩子的手艺。

“已经包好了，就不能打开了哦。不过里面是前田阿姨非常熟悉的一件东西。”

“这个是什么呢？好大的一个呀，软软的……嗯……阿姨猜不到啊。”

“认输吗？！”

“嗯，真是不甘心，不过我认输了。”

“这个呀，其实里面包裹的是靠垫啦。”

听到这里，我不假思索地说：“妈妈收到这个礼物肯定会哭出来的。”

“我才不想妈妈哭，我想让妈妈开心。”

虽然这样说，我却看得出她笑容中满满的成就感。我知道，聪明的朝阳懂得我说的哭，是喜极而泣的意思。

那是一个手感很好的软软的靠垫，朝阳经常在看电视的时候抱着它，爱不释手。她说过：“妈妈下班后来医院看我的时候，因为太累了，经常会倚在这个靠垫上躺在我的旁边，有的时候就真的睡着了……”

“哎？朝阳不是常说这个靠垫是宝物，世界上再也没有比它更柔软的东西了吗？真的要送给妈妈？”

“当然是真的！妈妈靠在这个靠垫上睡觉时看起来真的很舒服，所以就把这个送给她了！我决定了！”她坚定地说。

我抚摸着她的头，夸奖她真是个懂事的孩子。即便不是她的母亲，我也快感动得流下泪水。

在等待妈妈生日到来的那些天里，朝阳时不时地打开抽屉，查看这个重要的礼物是否安然无恙。“哎呀哎呀，没有破就好。”她这么说着，脸上露出满足的笑容。我也随之遐想，朝阳母亲收到礼物时会有多么感动和开心，期待过后朝阳跟我讲妈妈生日当天的样子。

朝阳母亲生日过后的第一个星期五，见到朝阳我便迫不及待地问道：

“怎么样？”

“真的像前田阿姨说的一样，妈妈特别开心，还哭了。成功了，成功了！”

被朝阳的体贴感动，除了这次生日，还有很多次。

朝阳会给外公和爸爸准备情人节礼物，给出院的好朋友写信，还会给护士阿姨准备小惊喜，等等。我能领会她的“忙”，即便过着枯燥的病床生活，朝阳却因为懂得感恩和心中存有的无限的温柔，将病房里的日子过得格外温暖充实。

在最后一次外宿的时候，她身体已经很虚弱了，但还是连续两天都不怎么休息，给我做了一条用小珠子串成的项链。想想她在串每一颗珠子时的用心，我便觉得这条项链的珠子数也数不清。

朝阳会花很多时间认真地想用什么方式去感谢疼爱自己的人，这对于她来说是很愉快而充满期待的时间，甚至我经常听着听着也高兴起来。“是写信好呢，还是送礼物好呢？送礼物的话送什么好呢？是把我最喜欢的贴纸送给他（她）呢，还是……他（她）收到手工礼物会更开心吧……”她会思考许久。

对一周只能见一次面的我也是同样，不知朝阳花了多少时间，向我表达了她对我的感谢之情。我只要想一想她的那些心意，泪水便不停地涌出来。我把朝阳送给我的毛线编织成的围巾、她亲手做的手机盒、用布做的上面写有“我喜欢前田阿姨”字样的徽章，还有写着“我们再一起玩”的信……全都妥善地收藏在一个朝阳专属的漂亮盒子里。

“我还想去一次迪士尼乐园，还想带着便当出去野餐，还想去参加‘精灵宝可梦’的现场表演！”毕竟是个孩子，朝阳想要去的地方，想要做的事情应该还有很多。但是，她从不去想自己不能做到的事情，只想着自己能做到的快乐的事情。

“我太忙了！做完这个后，接下来是给妈妈做……再接下来是给外婆做……啊，我真的是太忙了！”就这样，她在床上做着很多东西。

想起日本著名诗人相田先生的一句话——“陀螺越是旋转，越会变得平稳而安静。”

只是埋头去做自己当前可以做到的事情，并乐在其中——这，就是朝阳的生活方式。

陪伴

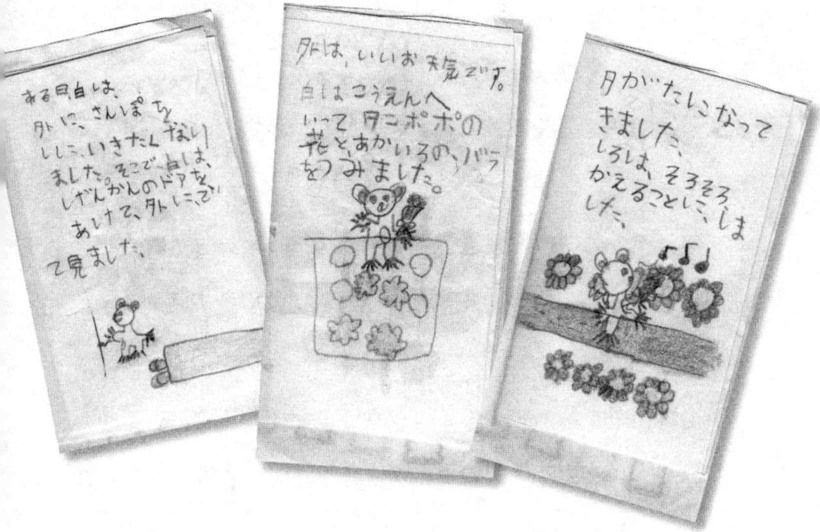
ある日白は、
外に、さんぽを
しに、いきたくなり
ました。そこで、白は、
げんかんのドアを、
あけて、外にで
て見ました。
外は、いいお天気です。
白はこうえんへ
いって タンポポの
花とあかいろの、バラ
をつみました。
夕がたになって
きました。
しろは、そろそろ
かえることに、しま
した。

用爱背来的3000本书

很多时候我都是和朝阳一起安静地读绘本度过的。

说起来这还是我比较自豪的事呢。在大学做教育实习时，曾被一位幼儿教育界很有名望的教授夸奖绘本读得很好，孩子们听我读绘本时眼睛里闪烁着光芒。而这位老师表扬我时那温和的语气我至今难忘。

每天晚上，给左右两边拥着我的两个孩子读绘本的时光已经过去快20年了。很高兴时隔多年，能再次读绘本给可爱的孩子们听。

当我在床上给予我亲近、喜欢撒娇的朝阳读绘本时，她总是像考拉一样，慵懒地将两只手环绕着我的胳膊，依偎着我。

根据朝阳当天的身体状况和心情，我们一起挑选合适的绘本。有的时候，若是遇上了特别喜欢的绘本，朝阳会缠着我读上五六遍。

朝阳最喜欢的两本书是由木暮正夫写的很有趣的民间故事——《茶栗柿醋》和《老鼠经》。我每读完一遍，她都要求再读一遍，再读一遍。“前田阿姨讲得太有趣了，再读一次吧！”就这样，这两本书读了有一百多遍。比我的记忆力好出百倍的朝阳把这两个故事里的一字一句都记得清清楚楚，我稍一读错，便会马上被她纠正。

看到朝阳忍不住捧腹大笑的样子，我表情更加夸张，分角色地变换声音语调，尽可能变着法儿地把故事读得绘声绘色。在朝阳身体状态差的日子里，即便睁开眼睛都显得吃力，她仍躺在床上说“想听……”，期待着我给她讲绘本。

在我们俩熟悉一两年后，我发觉放在朝阳床头的书，总是在一批批地更新。我当时想：把这么多书搬到医院病房里来，肯定很费力吧。

这些书，就是除了朝阳母亲之外，朝阳最常念叨的外公每周从图书馆为她借来的。

后来从这位外公口中得知，朝阳9岁时，大概读了3000本书籍。也就是说，为了外孙女，外公送到医院里的从图书馆借来的书多达3000本左右。很佩服这位老人不间断地为外孙女送书的执着，也很佩服朝阳坚持读书的毅力。

“知道她生下来就患有心脏病，我总在想能为孩子做点什么。我本来认为英语是很重要的。可是，最终还是觉得，书籍最能使人开阔视野，所以，我希望朝阳能多读一些书，从书中积累经验。”

从朝阳外公的脸上，我能感受到他对外孙女那无尽的爱。

“去图书馆借一些什么样的书比较好，我也是努力去找，会尽可能回避与死亡有关的书籍。我会给她找一些读起来很激动很有趣的书，或者能让内心变得平和的书。总之会选很多不同种类的书。只是随着朝阳年龄的增长，大部分的书她都读过，能为她借的书就越来越少，选一本想让她看的书大概需要一个小时……”外公这样说着。

在一家图书馆里能借到的书变少了，就去找其他图书馆，就这样在不同的图书馆里交替着借书……

听到这些，我的心里也暖暖的，感受到这位九年间不断地为疼爱的外孙女送去“宝物”的外公的爱与伟大。

这些话，是在朝阳失去意识之后，在病房里听她外公讲起的。那时的我很悲伤。

“我觉得，障碍只是那个人的特征而已，并不是不幸。我也是这样想着和孩子相处下来的。虽然最终她还是失去了意识，但我觉得，她如果想继续活下去，她会努力，她若是累了，那她就会选择走吧……这可能就是所谓的寿命吧。”

眼里泛着泪光，言语中却有一股强大的力量。来医院看望朝阳的我，反而被外公的一席话深深地激励到。

虽然朝阳这几年都是在狭窄的病房里度过的，但是头脑聪明的她，却有着比每天都去学校上课的同龄孩子更为丰富的知识量。在这狭小的空间内，她学会了对他人体贴入微，练就了极强的忍耐力，还培养出了爽快的性情。

我始终对朝阳钦佩不已。一个重病的孩子，会比健康的可以任意奔跑的孩子更好地学会如何做人。这一定与朝阳非常喜欢的外公分不开。朝阳正是在外公用爱背过来的那3000本书中，游览和探知到了外面无限广阔的世界。

外公手记（1）

外孙女带着天生的重度心脏病降临到这个世界。从此，我作为后援团团长的生活开始了。

我的任务，主要是支持我的女儿。支持，体现在两个方面：首先是对女儿生活上的帮助，其次就是在抚养孩子上伸出援手。

我相信，只要我们努力去做，孩子便会很好地成长。我和朝阳的外婆决定，将支持女儿的家庭作为我们最要紧的工作。就这样，我们开始行动了。

朝阳一岁半时，和她的爸爸妈妈搬到我家附近。从此，与外孙女每天在一起的生活开始了。

那时，朝阳最喜欢面包超人的小汽车玩具，经常开来开去。

到了三岁的时候，就可以骑带辅助轮的自行车了，骑了很多次。

还很小的时候，就能顺着楼梯爬到家里的二楼，再自己爬下来。大一些之后，晚上看着天上的星星，能一路走回家。

我经常带她去很多地方。跳盂兰盆舞，参加运动会、文化节，哪里都去，这样她就会喜欢与人在一起。有时会到公园和堤坝感受大自然，有时只是在家附近，也能玩很久。

我始终认为：疾病，是她的一部分，是她的一个特征而已。

与病魔抗争的日子里，那些仅有的自由，朝阳算是都享受到了。短暂的外宿时间，出去玩是朝阳最大的期待。我和朝阳的爸爸妈妈经常在想，怎样才能帮助朝阳将好不容易得来的自由过得最充实，我们进行了许多尝试。

有时间我就给她读各种书，或者讲谚语给她听。“对牛弹琴”什么的，给她讲她很快就能记住。还会一起打扑克，说起扑克，朝阳特别擅长。无论一起做什么，她都很开心。能很快地吸收新的知识。

身体状态好的时候，就出去玩。在公园里摘野花野草，也能摘得着迷。摘了一大束回家，兴奋地说要送给妈妈。在外面玩的每一分钟、每一小时、每一天，朝阳都特别开心，所以在外面玩的范围也越来越大了。

朝阳的生活环境，随着她的成长变化着。从家里，到学校、再到医院。无论到哪里，都有太多太多热心的人们帮助朝阳，守护着她的成长。

朝阳的一生，过得非常快乐，值得。

外公手记（2）

为了不让朝阳一个人在医院里感到寂寞，我们家人会轮流去医院探望她。朝阳的妈妈是星期二、星期四、星期六、星期日去医院探望，我星期一去。下午五点从公司出发，大约五点四十五分到达医院。

到病房时，大多时候朝阳都是一个人在玩。

“嘿，朝阳——”

“啊！外公！今天带什么好东西来了？”

“你猜猜。”

“章鱼小丸子吗？”

“猜对了！”

"就这些？"

"不，还有呢。"

"嗯——还有鸡蛋吧？"

每次都以这样幼稚的对话开始。虽然连鸡蛋这样普通的食物都已超出了医院的饮食限制，但征得了医生的同意，朝阳一周可以享用一次这个"美食"。

吃完之后，就开始读书。除了读书，她也会问我："外公，我们玩些什么呢？"

"扑克怎么样？"

我们更像是朋友。一起做游戏、折纸、画画……朝阳身体状态好的时候，还会去探索医院其他楼层。两个小时很快便会过去，到了时间我就径直离开，不想让朝阳觉得自己的病情严重。

"晚安。"

"晚安。"

"我会再来。"

"再来哦。"

"再见。"

"拜拜。"

外公手记（3）

对我来说，与朝阳最深的回忆是在鹤见绿地。星期六，在朝阳可以外宿的时候，我们常去那里。

朝阳对这一天，总是充满期待。

早上到朝阳家去叫她出发之前，我会先打个电话问她醒了没有。几乎每次她的妈妈都告诉我“还在睡”。爸爸妈妈都上班，为了和爸爸妈妈多玩一会儿，晚上睡得晚，这也是没办法的。

妈妈试着把朝阳叫醒，问：“外公来电话了哦，问你今天要不要出去玩，怎么回复外公呢？”

“去！”

我听到电话那头，她回答的声音好大。

这个习惯，从朝阳三岁开始，持续到她八岁那年。

我们大多时候是骑自行车去鹤见绿地的。花展期间，马路会被布置成花道，道两边开满鲜花。途中路过W保育园，那是朝阳四岁开始去的一所保育机构。在那里，朝阳有幸受到了优质的教育，那里会根据每个孩子的情况进行培养和教学。老师给了孩子们无微不至的体贴与温暖。

若是我带朝阳进去打招呼，老师们都会走出来，纷纷问道：“去哪儿啊，朝阳？” “真好啊！老师也想去！”朝阳总是嘟着嘴，假装生气地拒绝道：“不行，我要和外公一起去。”

春天和秋天带朝阳去的次数多一些。还带她去那里的骑马园看过马。朝阳会满脸羡慕地说：“那个姐姐骑得真棒啊！朝阳长大了也能学会骑马吗？” 在儿童公园，把她抱进小溪里，光起小脚丫的朝阳高兴极了。那里的滑梯、秋千、木马，都带她玩过。有时去餐饮店，我问朝阳想吃什么，她会根据心情选章鱼小丸子、烤肠，或是别的。心情不同，想吃的食物也不同。冰激凌，总是我们两个人分着吃。

在山那边有环行的电动小汽车。朝阳最喜欢的是“郁金香号”和“鼠尾草号”。老人和残疾人可以优先乘坐，朝阳也可以优先上车。

桃花、梅花、郁金香、玫瑰花、杜鹃花、紫阳花、鼠尾草、波斯菊……每趟二十分钟的赏花旅程，我们坐过好几遍。

司机也是解说员，喜欢聊天的朝阳很快就能和他们成为好朋友。朝阳比常人更喜欢看这些花。

“今天，坐郁金香号！”每次都像这样指名。坐上车后，她的小脑袋会随着车内播放的音乐左右摇摆。听起来很耳熟的歌，但我至今都叫不上名字来。

接下来，去池塘那边走走。能看到鸭子和乌龟。池塘的旁边有很多鸽子，还有人在给它们喂食。朝阳很喜欢小鸽子，总是会上前与它们追逐玩耍。

就算朝阳玩得特别开心，但没多久，我还是不得不让她坐在树荫下休息。好在树下有很多小花，朝阳坐在那里采摘，我就到更远的地方摘更多的花拿给她。黄色的、红色的、紫色的、白色的……各种颜色。临走前，我们会把花全部放进自行车车筐里。

朝阳一直想找到幸运四叶草，没想到真的被她找到了。她兴奋地喊道：“外公！快看！我找到啦！”……这枚四叶草，至今还在朝阳的妈妈那里，被妥善地保存着。

运动场、儿童森林公园、小溪边……我骑着自行车，载着朝阳一一经过。鹤见绿地，是我和朝阳的宝地。那里，藏着我们许多珍贵的回忆。

外公手记（4）

朝阳偶尔也会得到稍长时间的外宿许可。夏天白昼很长。我下班回到家，如果朝阳一个人在玩，我便会问她：“朝阳，跟外公出去散步好不好？” “嗯！嗯！” 朝阳频频点头。

把氧气装置放在自行车后面，朝阳坐在前面，就这样，出发了。走我们常走的路线。

从家出来径直向前，路过附近的超市，前面有一个上坡。

“嘿咻，嘿咻！”朝阳记住了我的习惯，总是在我之前喊出这句口号。

“来了一辆警车！” “那边有一辆消防车！” 看见什么，她都兴奋得很。

到了公园，她会东张西望，嘴里念叨着："黑猫还在吗？"她害怕那只猫。"幸好，今天黑猫好像不在哟！那我在滑梯这里玩。"

路上遇到我的老朋友时，会停下聊上一会儿。

有时也会顺路去另一个朋友的家。他愿意让朝阳喂家里养的鲤鱼。这家人总是热情地欢迎朝阳的到来，一起聊天。

游泳馆里有养着热带鱼的鱼缸，朝阳喜欢在两个水缸之间来回地看。游泳池里有好多小朋友在游泳。她有时会说："那个小姐姐游得真好呢！""朝阳长大了能不能学会游泳呢？"

朝阳四岁的时候，有一天晚上，我们一起散步时，她突然对我说："外公，你看，月亮好漂亮，这——么圆！"

"还真是。"

走了一会儿，我对她说："月亮好像很喜欢朝阳啊，朝阳走到哪里她都跟着一起，是不是？"

"真的哎！月亮喜欢朝阳呢！"她开心地说。

雨中散步时，我会对朝阳说："下雨了，雷神先生又在天上尿尿了！"她会一本正经地接着我的话说："嗯？雷神先生尿尿时间好长啊？"

和朝阳在一起总是那样轻松而愉快。

外婆做的关东煮是世界上最好吃的关东煮

朝阳收获了很多爱。

“对朝阳来说，爱就是她的生命力。感谢所有人给予朝阳的爱，让朝阳展现了她的光芒。”朝阳的母亲谦虚地把感谢送给所有人。但是我觉得，朝阳之所以能让生命闪耀出自己的光辉，是因为朝阳把别人对她的每份好，都百倍地去珍惜和收藏；是因为她懂得别人的真心，并以真心相待。

无论被给予多少爱，若是不擅长感受爱的人，那他应该都是不幸的。而朝阳，会加倍地感受到别人给予自己的爱，并且非常珍惜得到的爱，所以她活得很幸福。无论是对给自己做治疗的医生，还是照顾自己的护士，还有自己的父母、祖父母、外公外婆、学校里的老师、朋友，包括我们志愿者，当谈及给予过自己爱的人的时候，朝阳的眼睛一定是清澈明亮的。

我相信，在朝阳出生后，不，从出生之前就把沉甸甸的爱倾注给朝阳的，除了朝阳的母亲，还有朝阳的外婆。从得知自己女儿腹中的孩子还没有出生便患上严重的先天性疾病的那一刻起，到朝阳出生后九年，朝阳的外婆无时无刻不在竭尽全力地帮助自己的女儿分担生活上的劳苦。她的内心深处，我自知无法用我的言语表达出来，我只想把我所了解到的背景写下来。

我最近才知道，朝阳出生后，朝阳的父母不得已只能搬到朝阳母亲的娘家住。一般来讲，在女儿产后帮助护理一段时间后，就可以恢复以往的生活了。然而，对于朝阳的外婆来讲，生活打那时起就已发生了改变了。面对患有重病的外孙女，还有要照顾这个孩子的自己的女儿，老人充满着无尽的担忧和不安，却不得不坚强地带给女儿和外孙女安慰与力量。

朝阳若没有这般深厚的爱，生命也就无法延续。然而，朝阳也用她“以加倍的爱去感谢”这样一颗炽热的心，圆满地回报了大家。

“我外婆是开店的呢，所以外婆做的关东煮是世界上最好吃的关东煮！医院里做的萝卜和外婆做的萝卜味道完全不同。”

午餐的小菜里若是有萝卜，朝阳经常这样说。

一边要忙着料理店铺，一边还要负责接送朝阳到保育园，到小学，以及做朝阳的玩伴——承担这一切的，就是朝阳的外婆。但外婆并没有因为朝阳生病便溺爱她，听说外婆对朝阳的管教就像对普通孩子一样，甚至更加严格。管教归管教，当朝阳的小伙伴来家里玩的时候，外婆又是准备点心，又是出去买朝阳最喜欢吃的蛋糕回来，忙里忙外。慈爱的外婆恨不得把所有的爱都给这个外孙女，只要能让她短暂的外宿生活过得更好一些。

可以想象，在朝阳住院的日子里，外婆一定也好想去医院多看看自己疼爱的外孙女，可是为了让朝阳的外公和妈妈能够更多地、更安心地去医院，外婆甘做后援，边打理店铺边照顾整个家。她就像棒球队里的那名接球手，为了让其他队员能安心地打好比赛，在最不显眼的位置默默地看守整个球场。虽然我鲜少见到朝阳的外婆，但在这九年中，外婆全心全意对朝阳付出的爱，在与朝阳私下的聊天中，我可以完全感受得到。

我也有女儿，我深知外婆的爱。在朝阳遗体告别式那天，外婆脸上流下的泪水中饱含着爱的分量。在我的人生里，从来没有看到过那样复杂的泪水。一心想着外孙女和女儿的老人的爱，如此深沉。

虽然由于自己的病情，给外婆平添了辛苦，但是朝阳比谁都懂得外婆对自己的好，她用小小的身体全力地感谢着外婆，想方设法让外婆开心。我想，这就是朝阳对外婆最好的报答了吧。

坐着轮椅去游乐场

事实上，我与朝阳的母亲也只是见过几次面而已。孩子是坦诚的，经常会毫不避讳地讲很多身边的事情。通过和她的对话，还有我所看到的生活里的朝阳，就可以了解到朝阳的母亲是怎样培养朝阳的。

果然是一个了不起的母亲。后来我才知道，给予这位母亲更大影响的正是朝阳常提到的外公。

有一天，我和朝阳一起玩过家家，发现朝阳“切菜”切得很熟练。

“朝阳怎么知道切菜的时候防止切到手指，要弯曲着手指来切呢？”

听我这么问，朝阳兴奋地回答道：

“这是妈妈教我的哦。在家里，切咖喱用的配菜，是我的工作哦。”

“可是用菜刀很危险啊！”

没记错的话，朝阳应该是在服用让血液循环更加顺畅的药物，一听到她在家里用菜刀切菜，我顿时紧张起来，倘若不小心切到手指，按朝阳的情况，哪怕只是一点小伤，止血都会比普通人困难。

看到我担心的样子，朝阳轻松地说：

“没事的。妈妈告诉我，为了不切到手指，像这样把手弄成小猫咪爪子的样子，圆圆的，把手指弯着藏起来，就不会切到手指了。”

不畏惧危险和失败，教给女儿应对困难的方法，无论什么事情都让女儿去勇敢地挑战。这位母亲教导女儿的话语，应该还有很多很多。

有一次，朝阳的父母开车带朝阳去迪士尼乐园玩。往返需要很长时间，回来之后，朝阳身体因为劳累出现不适，但她却是带着溢于言表的喜悦和开心的体验回来的。倘若朝阳的父母也像我一样始终带着“能去吗？生着病呢，没事吗？”这样的顾虑，那么朝阳一定不会有那双闪烁着光芒的双眼。

“我还坐了那个超级恐怖的机器，感觉心脏都快停了啊！”患有心脏病的她笑得无忧无虑。

带着一个坐着轮椅又插着氧气管的孩子，去人山人海的游乐园是需要相当大的勇气吧。可是朝阳的母亲却做到了，无论走到哪里，都带着朝阳。如果是我的孩子，在我的消极意识之下，会活得畏首畏尾吧？正是因为朝阳的母亲会把朝阳比正常的孩子还要健康而勇敢地养育着，朝阳才会那般出色。

“我们都想和米奇呀，米妮呀，还有其他的卡通人物一起拍照，所以大家都往前凑，可是来迪士尼的人实在太多了，等好久都排不到。但是我好幸运！可能是我坐着轮椅很显眼吧，他们看到我，从好远的地方来我这里了呢。我还和我最喜欢的钢牙奇奇、大鼻蒂蒂合了影。好棒啊！”她开心地说。

我了解朝阳，我相信她说的一定都是真实的，没有半点夸大其词。那张她送给我的印有迪士尼乐园照片的新年贺卡上，朝阳笑得好幸福，那张笑脸给我留下了很深的印象，所以一直珍藏着。

朝阳从未因为自己坐在轮椅上还插着氧气管而感到自卑。她也从来不羡慕别人，或是嫉妒别人，她似乎根本不介意那些细小的事情，这就是朝阳。

无论大人还是孩子，让朝阳身边的人们用一个词来形容她，大家都无一例外地说她是“亲和的”。我想，也许正是因为朝阳的母亲就是这样温柔而大气的人。她教育孩子去享受所处的环境和所拥有的一切，不必与别人比较。这听上去似乎简单，实行起来却很难。

有一张照片是朝阳穿着夏季和服参加节日时拍摄的，照片里的朝阳笑得很开心。容易不安的我又开始担心节日里放的烟火还有拥挤的人群会不会对朝阳的身体不好，而事实上，当看到朝阳和妈妈两个人笑得那般幸福的模样时，所有的不安都烟消云散了，因为照片很好地诠释了她们那一天的美好。

以朝阳的体力，去九州应该算很远了，但是她的母亲带她去了那里，因为那里有一个超大的游乐场；那个硕大的大阪京瓷巨蛋，朝阳的母亲也带她去了，在拥挤的人群中，参加和体验女儿最喜欢的精灵宝可梦的现场活动。朝阳不知多少次兴奋地和我讲起“没有比那更好玩、更开心的啦！”

无论工作多么辛苦，朝阳的母亲都坚持每个季度带朝阳去参加孩子们喜欢的体验活动，就像对待普通的健康的孩子一样。于是，这个女儿每次出门也很自然地坐着轮椅戴着氧气管，从来没有介意过路人的眼光。

“氧气是帮助朝阳的好朋友呢。因为有她我才很舒服呀。”朝阳经常这样说。即使在拍照时，朝阳完全不在意自己是插着氧气管的样子。所以她送给我的照片里，都是插着氧气管举着剪刀手笑着面对镜头的模样。

我的生日是9月11日

对于长期住院的孩子来说，能拿到一次外出住宿许可那真是再开心不过的事了。家里有好多心爱的玩具，也可以尽情地和父母撒娇。

我知道，朝阳对外宿有三个特别期待的地方：一是可以让父母带着她去吃最爱的回转寿司；二是可以回家和爱犬Niko玩（Niko是幽默的朝阳根据日语中的“にこにこ”来给爱犬起的名字，对应的中文是笑眯眯的意思）；还有一个最大的乐趣就是，妈妈会在外宿前几天，就把朝阳回家时要穿的衣服送过来。

每当外宿许可批下来时，朝阳都掩饰不住喜悦的心情告诉我：“这些就是回家要穿的衣服！”然后，她再把那些可爱的衣服从上到下整齐地叠好放在那里。每次可以外宿的时候，朝阳的母亲都努力买新的衣服送给朝阳。这是给一年365天，几乎都在医院里穿着睡衣与病魔抗争的女儿最好的奖励了吧。

“哇！好可爱！朝阳的妈妈很时尚呀，总是给朝阳买新衣服，品味还这么好，开心吧？哇！朝阳要穿着这双长筒靴回家吗？那可要注意了，千万不要在回家之前感冒了哦！”

和以往一样，一边是夸大着反应的我，一边是在床上搭配着衣服的朝阳。

“哇！就好像朝阳穿着衣服躺在床上一样哦！快看！”

“真的呀！很像呀！连帽子都戴上了呢。”朝阳欢喜地说。

我把朝阳的小裤子套在胳膊上，“这么好看的衣服让阿姨也试试嘛。”然后又做出试图把朝阳的小袜子穿在手上的样子，“哎呀，穿错地方了！”这是每次新衣服送到时，朝阳最期待我“表演”的“节目”，每次看着我把裤子穿在胳膊上的样子，她都会捧腹大笑。

“妈妈给我买小高跟凉鞋啦！”“还有戴帽子的卫衣！”对于女孩子最喜欢的流行服饰，朝阳的母亲也紧跟潮流，即便朝阳几乎每天都在医院度过，母亲也毫不含糊地把应该给予孩子的快乐全部传达给她的女儿。“反正也是坐车，外套里面的衣服穿什么无所谓”的想法，在朝阳的母亲这里是从未有过的，她把每一份能够给予朝阳的爱都努力地传达给朝阳。

直到最近，我从朝阳的母亲那里得知这样一件事：

“严格来说，因为前田阿姨是星期五去朝阳那里，所以她要求我一定要在星期四就把外宿时穿的衣服准备好送过去，除了衣服之外，朝阳别提有多期待前田阿姨对她的夸奖了。一心想着怎么才能让前田阿姨开心，时不时会询问我某某事可不可以与前田阿姨分享。朝阳应该还有好多好多话想和前田阿姨说……”

看着朝阳母亲发来的邮件，我的心隐隐颤动。朝阳每次都特别期待着我惯例性的“夸张表演”，所以要求妈妈在星期四就把外宿要穿的衣服送过去。

“希望让对方开心”“希望被认可”“希望得到夸奖”，这些“欲望”对孩子来说，是至关重要的。得知自己原来在小小的朝阳心中有那么重要……想到在天堂的她，不禁泪流满面。

即便心心念念地等待外宿那天的到来，也会有因为身体状态欠佳而突然被取消的情况。我也同朝阳一样，在得到许可后期盼着外宿可以实现。

除了有时长达数日的外宿，还有短暂的出院。出院期间来医院做诊断的日期若正巧赶上是星期五的话，朝阳就一定会跑到五楼的儿科病房来说：“我来见前田阿姨喽！”

有一次，朝阳过来找我：“前田阿姨你看！我和妈妈穿了亲子装哦。”并开心地向我展示和妈妈同款的格子衬衫。看着朝阳高兴的样子，我知道更开心的是她的妈妈。这是朝阳的母亲和朝阳在一起最温馨的时光，她有多么希望能永远和女儿一起享受这样的幸福。

我的孩子还在上小学的时候，我深切地感受到养育患病孩子的母亲的强大。

有一天去上学时，看到旁边的孩子们问一位每天推着轮椅送孩子上学的阿姨：“阿姨，你什么时候最开心？”“阿姨吗？现在就是最开心的时候啊！因为每天可以和这么多小伙伴一起去上学啊！”

这是我女儿上一年级时与我聊天时讲到的，对此我印象特别深刻。虽然那时女儿还小，但她一定无比敬佩那位母亲的乐观与坚强。

照顾生病孩子的母亲在养育孩子的过程中，练就了普通母亲没有的坚韧，有着像我这样健康的孩子的母亲不曾拥有的能量。在这家医院，我总会被这些勇敢、坚强的母亲激励和感动。而朝阳的母亲是其中最特别的一位。

有一天，朝阳向我控诉说：

“前田阿姨，你听我说啊！朝阳不是在身体里装了起搏器嘛，前阵子我对妈妈说这个起搏器装在这里真是讨厌，然后我妈妈居然对我说你要是没有那个起搏器会死掉的！妈妈真是太过分了！”

“也就是说，有了那个就不会死对不对？那太好了啊！”

听我这么一说，朝阳松了口气，“是这样啊……”然后又天真地笑了起来。可事实上，朝阳母亲的那句话使我的内心受到了很大的冲击。

让孩子去想这个起搏器的好处，而不是去抱怨或讨厌。直白地告诉孩子“没有这个东西就会死”的事实。纵使孩子身患重病，也毫不留情地告诉她真相。朝阳的母亲就是这样经常无所畏惧地向孩子阐明事情原有的样子，让孩子自己去理解和接受。我很佩服她的勇气。

那次我问朝阳生日的时候，感受亦是如此。

“我的生日是9月11日。这一天，是世界上发生了恐怖事件的日子？”当时只有七岁左右的朝阳有些担心地问。

“难道这个也是妈妈告诉你的吗？这么难的问题……”我下意识地问道。果然是朝阳的母亲告诉她的。

我不由得感叹，朝阳的母亲连这样复杂的事情都会讲给她听。通常情况下，父母会告诉自己的孩子“你的生日是和圣诞节同一天呢”“你的生日和女孩节同一天呢”，这样的日子尚可理解，而“你的生日与发生恐怖袭击事件的日子是同一天”这样的话，如果没有足够的勇气是不会告诉小孩子的吧？

“朝阳的母亲是个了不起的人呢！这么复杂的事情都会告诉朝阳。”我心生感慨。

“那前田阿姨你不知道那个恐怖事件吗？”

“那一天，在美国发生了让人难以置信的极其恐怖的事件。之后每年到了9月11日那一天，世界上的人们都会再次思考人生，一定要对人友善、珍惜生命，每一天都要努力地活着。是这样一个非常重要的日子吧。”我故意避开“在那一天，有很多人的生命被瞬间夺走了……”这样的话，如此作答。

对于一个比谁都在努力地珍惜着生命的孩子来说，那样的表达未免太过残忍。

“哦，虽然是发生恐怖事件的日子，不过没关系啦。”

“是呀，是非常好的生日呢。朝阳的妈妈什么事情都教给朝阳，真好呀！”

朝阳听后，也会心地笑了。

9月11日，让全世界人民都重新审视生命之珍贵的这一天，与努力珍惜着生命的朝阳的生日很相称。

哭有用吗

病房里有些孩子的饮水量是会受到严格限制的。他们每天都需要确认自己可以饮用的水量，每喝一次水都要做一次记录，并计算当天还可以喝多少水。

当然，朝阳也是其中一员。口渴的时候看着茶水和饮料，即便再想喝，也不得不考虑“如果现在喝太多，之后就会很难受……”所以，每一次只能喝一点。对朝阳来说，需要忍耐的不仅仅是要限量饮水，而且有时只能吃肾脏患者专用的“规定餐”。

原以为“规定餐”无非是少盐味道清淡而已，殊不知看到第一眼就会发现——米饭是不一样的。并不是我们平常吃的那种看起来香香的白米饭，装在碗里的是一团糊状的食物。就连孩子玩过家家时用到的玩具米饭，或者摆在餐厅门口的米饭样品看起来都比这更好吃一些。

“这个还真是难吃得很呀！”

朝阳看着眼前的饭说笑着，似乎早已习惯了。我可没有朝阳那样从容淡定，心里觉得朝阳好可怜。

“来！看我‘饭团达人’给你露两手，阿姨给你做超级好吃的饭团，使劲吃吧！” 我一边说一边等着朝阳的反馈。

“达……达，达人？！”

果然，朝阳从来不会错过我给出的笑料，她就像个相声演员中的捧哏一样，总能即刻调侃回来。

她这样说是因为我的烹饪手艺并不高超，这件事在过去已多次成为我俩之间的话题。

我与森女士很早以前就向医院提出申请——不要给星期五的志愿者出太难的“饭团题”。因为星期三的志愿者们，手实在是太巧了，我们与她们相比，实力相差悬殊。我做饭团的手艺也便早早地被朝阳识破了。在那之前，朝阳也曾恳求过：“给我做星期三的阿姨们做的金毛犬或光之美少女吧！”后来，由于已经妥协于我的“实力”，她对于饭团的要求也便不外乎是什么圆形、三角形、心形，再难一点也不过是我做得算是比较好的小兔子、小狗、小熊之类的。

“这个……是小狗，还是小熊？”

“你希望它是什么，就当作什么，吃吧！”

“哪有这样的回答啊！”

我本人也确实分不清它是小兔子、小熊，还是小狗。如果做了小兔子，我便推荐朝阳搭配着菜里的胡萝卜一起吃，她也会开心地接受。

即便这样，朝阳吃完饭后也总会恭维我说：“但是呢……就算它只是个圆饭团，朝阳也觉得前田阿姨做的饭团最好吃啦！因为在我吃饭的时候，前田阿姨总会讲好玩的事情给我听，和前田阿姨一起吃饭最开心了！”

已经记不清朝阳到底吃了多少个我做的那种很丑的饭团。

那么，特殊的“规定餐”对于朝阳来说是种痛苦吗？并不是。她总是能看到事物积极的一面，忽略消极的那一面。

“虽然难吃，但还能吃到，我就感到很幸运啦！”

我几乎不敢相信这是一个孩子自己的想法。我想这一定和那位伟大的外公平时的教诲有关。

朝阳更可爱的一面还在后面。她把医院提供的作为饭后甜品的冰激凌故意在我面前晃来晃去地说："规定餐的日子会有冰激凌可以吃耶！很棒吧！"

因为我们相处的时间长了，朝阳知道我最喜欢的食物就是牛奶（Rich Milk）味儿的冰激凌了。所以她调皮地摆出"炫耀"的样子说着。

我也如同一个真心在羡慕的孩子一样回应道："哇，真是太棒了！好羡慕啊！"

"是吧？普通餐的日子是不带甜点的，只有规定餐的日子才有哦！冰，激，凌！"

在说到"冰激凌"的时候，她又故意把声音放大放慢强调了一遍。看到我满脸羡慕的样子，她止不住地嬉笑，那个样子真的好可爱。要知道这一小盒冰激凌，在吃到还剩一厘米左右深的时候，朝阳就要因为摄取量限制而不得不停下。但她吃的时候，还是笑得那么开心。

"接下来，是问答时间。'米饭很好吃，但不带甜点'和'米饭很难吃，但会有冰激凌'，这两个选项，前田阿姨你会选哪一项？"

"我喜欢好吃的白米饭配冰激凌！"我毫不犹豫地回答。

"没有那种搭配啦！前田阿姨你怎么每次都这么搞笑！太有意思了！"

"规定餐"的日子，除了冰激凌之外，有时还会配有非常好吃的巧克力味点心。虽然冰激凌的出现让我们热闹了好一阵儿，但是对于朝阳来说，这个巧克力味点心才是她更期待的。

"太好了！今天是巧克力的日子！这是妈妈超级喜欢的点心呢。有了这个点心，那朝阳今天也能忍耐规定餐了！"

她举起双手做出胜利的手势说道。

"哎？朝阳的妈妈很喜欢这个……难道说，朝阳不吃吗？"

"对啊！没关系，没关系！妈妈超级喜欢这个巧克力点心，每次我都收起来留给妈妈吃。"

"那妈妈会吃你留给她的这么珍贵的甜点吗？"

"会啊！妈妈吃的时候，看起来真的很开心呢！"

我无法找出一个恰当的词语去形容朝阳在说出这句话时的那种喜悦。我当然知道，朝阳最大的幸福就是看到妈妈开心的笑容。只是对于一个八九岁的孩子来说，把自己最心爱的点心留给妈妈，这太难得了。而朝阳的母亲的做法更令人感动。她懂得女儿的心意，便毫不介意地回应：

“太好吃了。我的朝阳真是个善良的孩子。妈妈又有力气了！”朝阳的母亲把满满的爱意和微笑呈现给朝阳，边说边吃的画面浮现我眼前。这位母亲，真的了不起。

与其顽固地去守护孩子所需的那一点营养和期待，若是能够更好地理解“什么才是对孩子最重要的，她现在最想做什么”，然后做出相应的回应，如果这样能使孩子获得更多更强烈的幸福感，那么为何不去满足她呢？朝阳的母亲就是这样做的。即便朝阳是个患病的孩子，她依然希望朝阳像普通人一样，去感受“让最爱的人得到幸福时的喜悦”的心情。

结束一天的工作，拖着疲惫的身体赶往医院，与相隔数日才能见上一次面的女儿团聚，全心全意地去体会和感受女儿的每一个瞬间。相比之下，一个专职主妇、拥有健康的孩子、物质精神两方面依赖于丈夫的我，对朝阳的母亲敬佩万分。

“没有这个起搏器，你会死的！”

“朝阳的点心，真好吃！”

不彷徨、不顾虑、不溺爱、不纵容，直率坦荡地与孩子相处，在其中教诲女儿做人的道理。也许正是这样的育儿方式，才培养出这样亲切、坚强、率真、开朗、不怀嫉妒，只会从心底为别人的幸福而真心喜悦的善良的朝阳。

有一次，我们聊到了这样的话题。

“我哭的时候，妈妈经常生气地对我说‘哭有用吗？如果哭能解决问题的话可以去哭，既然哭不能解决任何问题，那朝阳总是哭什么呢？’”

这着实给了从小就是鼻涕虫的我强有力的一击。

“朝阳哭的时候，妈妈会那样说啊！真了不起呢，阿姨我特别爱哭鼻子……朝阳的妈妈不哭吗？”

“妈妈在看电视的时候也会哭啊，有人去世的时候也会哭，妈妈说悲伤的时候可以哭。但是，遇到需要动脑想办法的时候，或者需要解释的时候，是不许哭的。”

虽然严厉，却是一位热情、真诚的母亲。我想，她一定从女儿出生开始，便鞭策自己去努力变得强大，同样也如此教诲女儿，一路坚定地走下去。

“哭有用吗？”

这位年轻母亲的一句简洁而有分量的话语，也激励着我未来的路。

与母亲的两人三足

小孩子在这个世界上最喜欢的人是他（她）的母亲，这一点无可厚非。但是，朝阳对母亲的爱却要比一般的孩子更强烈。朝阳的母亲自己也说："朝阳确实非——常爱我！"朝阳是一个特别聪明的孩子，我想她小小的内心一定很懂得妈妈一路支撑着自己与病魔抗争的那份爱的重量。

后来，从朝阳的母亲给我的信件中，我深切地感受到这对母女是怎样一路同心协力，与病魔斗争的。

随着朝阳渐渐长大，她对痛和苦也越来越敏感、越来越恐惧。到了五岁左右的时候，朝阳特别害怕提前知道接下来会发生什么痛的事情，也特别抗拒从妈妈以外的人的口中得知那件事。所以我请求医院的协助，当日之前一定不要告诉朝阳。

但是还是有几次，她自己便察觉到了，或者有的时候医院的医护人员不小心说漏嘴，朝阳因从别人的口中得知而感到特别气愤。所以，我和朝阳有了更深入的交谈，约定的结果就是，朝阳要求我在检查或手术前一天晚上陪在她身边，一起在小床上睡觉。我答应了她的要求。

按规定，医院是不允许家长晚上陪护的。但是做导管的次数实在太多了，医院也给破了例。只是这个约定实施一段时间后，还是会有早早就被她察觉或知道的时候。然后，我们就再商量、再交涉，后来，朝阳能够接受在三天之前就让我来告诉她，我想这也算是在成长吧。

就这样，大概和朝阳商量过几次，每一次都尽量考虑她的感受，争取以她最容易接受的方式去传达给她。而随着朝阳年龄的增长，传达的方式也随之改变。虽然这样要在交涉上不断地找窍门、换方法也很伤脑筋，但是，我看到了女儿的成长。

在最初“当日通知”的阶段，那是最艰难的一天，就是前田女士您看到的那一天。刚好赶上星期五，当我通知她接下来要做哪些医疗处理的时候，朝阳接受不了在您来医院的时间进行，便号啕大哭地反抗，“今天前田阿姨会来，做那些我就不能和前田阿姨玩了！”对此我们也有所预料，曾想过尽量不要安排在星期五这一天，然而治疗是容不得半点马虎的，没有办法。

即便到了“前一天通知”的阶段，朝阳只要得知星期五有检查，就十分抗拒。“下午的话可以！上午我要和前田阿姨在一起！”而星期五上午必须要做治疗的时候，从开始说服到征得她的同意要用比平时多花三倍的时间。

和朝阳之间的“条件战”实属不易，在交涉的过程中，我们互相都会有所让步，而后让我深有感触的是，一旦我们彼此认可的约定达成了，朝阳便毫无怨言地严格遵守，再辛苦也要坚持。女儿的坚强，让我感动和佩服。

从这封邮件里，我体会到了这位母亲在照顾女儿生活点点滴滴的过程中，用十足的耐心来陪伴女儿成长的辛苦。朝阳的母亲用心地领会朝阳在每一个成长阶段的心意和理解力，适当地加以或柔或严的教育，用一种强大的力量支撑着女儿与疾病抗争。她的辛苦显而易见。

然而，这封信传达出来的状态，似乎并不是劳累。“我看到了女儿的成长。”“女儿的坚强，让我感动和佩服。”……言语间流露着对女儿的肯定和赞赏。我想，朝阳一定很懂得母亲为了自己的付出，她希望看到自己在顽强地挺过每一次痛苦后母亲欣慰的笑脸，希望得到母亲为此给她的大大的赞扬。

“您看到的那次是最艰难的一天了。”朝阳母亲说的是一个星期五的事。我到了医院，刚好碰到朝阳做完检查，病床从检查室被运至儿童病房的途中。我离很远就听见朝阳在大声地哭喊。

“朝阳，前田阿姨来了哦！”旁边的护士和朝阳的母亲对朝阳说。话音刚落，朝阳哭声戛然而止了，变化之突然让大家都忍不住笑了出来。过后我仔细询问才得知，朝阳做完检查还不停地哭，不是因为做检查害怕，也不是因为检查的痛，而是因为并没有人和她商量并告诉她星期五要做检查而气愤。

“在前田阿姨回家之前检查就结束了，多好啊！”在母亲的安慰下，朝阳也终于平静下来。只是当天由于做检查的恐惧和辛苦，再加上因为愤怒长时间的大哭，还有药物的作用等因素，朝阳回到自己的病房后，仍是晕乎乎的状态，结果我也没能和朝阳玩些什么。我能做的，只是在床边陪着她：“朝阳今天也努力了是吧？阿姨再多陪你一会儿……”。

这“最艰难的一天”，不只是朝阳很辛苦，朝阳的母亲同样疲惫不堪。没想到因为我，“星期五的检查”会变得如此严重，我的心里充满愧疚。

从那之后，再也没有不提前通知便突然给朝阳做医疗处理的时候了。

在我看来，朝阳的母亲已不单是一位母亲，她更像是朝阳患难与共的战友，与朝阳并肩去跨越一个又一个艰难的障碍。而朝阳对母亲的“喜欢”也一定不只是普通小孩子那种单纯的“喜欢”，更多的是对母亲的感谢和尊敬。

而反观自己，我是不可能成为这样坚强的母亲的，面对像朝阳那般的苦境，我没有自信和力量去接受并跨越，愈感自己的无能。但是，在今后的人生道路上，当我遇到困难的时候，我会想起朝阳用大阪口音对我说的：“前田阿姨！不可以就这样气馁的！”这句话一直激励着我，我想我会以朝阳为榜样，努力做得更好，将她的鼓励铭记于心。

当我讲起“朝阳很坚强”的时候，总会有人问我“那个孩子不哭吗？”之类的问题。朝阳接受的是大人都几乎无法忍受的治疗，她当然会大声地哭。每次为了说服她，护士们也是苦恼不已，我更是不知道再用什么样的话语能够征得她的同意，很多次都是绞尽脑汁地去想。之所以这样，是因为我们清楚，朝阳不是那种不懂事、不听道理的孩子。

忍耐着比常人多几倍辛苦的朝阳，怎样的话语才最能激励她呢？想到最后，决定不再对她说那句说过太多遍的“朝阳！加油！”而是轻轻地对她说：“阿姨知道，朝阳到现在为止，已经忍受了太多太多的疼痛，再受不了比这更苦的了，对吧？” 我握住朝阳的手，夸奖她平日里所有的坚强。这个时候，朝阳停止了大哭，聪明的她似乎开始在脑子里想着什么。

“朝阳的妈妈肯定也会表扬朝阳，‘朝阳，今天也这么努力了！真是太棒了！’妈妈一定会非常高兴的，一定会这样夸奖朝阳的！”我对她说。

听到这句话，朝阳的情绪缓和了很多，从她的眼神里我看到了她的决定——如果能获得妈妈的赞扬，我就可以再努力一次！虽然妈妈没在这里，却似乎有一种来自妈妈的力量支撑着她。朝阳最懂得母亲是怎样同自己并肩苦战过来的，即便母亲不在身边，当她需要一份支撑的时候，依然能感受到母亲传递过来的力量。

从朝阳和她的母亲身上，我学到了：重要的不是你需要的那个人是否一直陪在身边，而是在平日里一点一滴铸就出来的割舍不断的情义、坚定不移的爱和信赖。

“疼！停下来吧！”

站在走廊，听到从病房传出朝阳的恳求声，我心如刀绞。当这个泣不成声的声音持续的时候，我强忍着冲动的念头，握紧拳头，心中大喊：“快停下来吧！快点结束吧！”

朝阳当然也会哭。虽然她被疾病折磨得痛苦不已，我却从未从朝阳的口中听过一句诸如“我的病真的会好吗？”“好痛苦，好难过，好羡慕其他的孩子。”“我已经厌倦了。”此类泄气的话语。

虽然朝阳身体是病弱的，但精神却是健旺的。她的强韧甚至让周围的人常常忘记她是一个病人。在我心里，她就是一个天使。是朝阳让我领悟到：人的幸福、健康、满足感，甚至一切，都会因为他（她）积极的想法而变得更好。

朝阳笑盈盈地若无其事地说着“我好着呢！”——身处那般苦境的人，又有几人会说出同样的话语呢？

送别

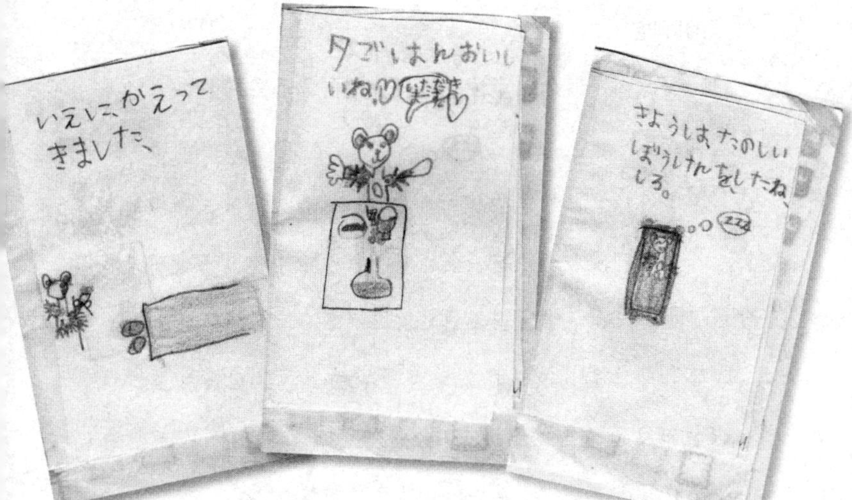

未能亲手送上的圣诞贺卡

2008年1月13日——清晨起来，手机邮箱收到一封来自朝阳母亲的邮件。

记得那时，既想快点读完，又害怕再读下去……

早上好！冒昧给您去信，十分抱歉。昨天清晨，朝阳的病情突然恶化，到现在仍没有恢复意识，医生说也许熬不过明天。即便熬了过去，也很难再恢复到之前的状态，情况很糟糕。

不知道和前田女士您说这些是否妥当。我在病房里发现了一张朝阳要送给您的圣诞贺卡，一想到朝阳也许不能亲手送给您……我就很难过，于是，给您写了这封信。

对朝阳来讲，前田女士是除了家人之外最能让她放松的人。明知会打扰您，但还是联系了您。今明两天，若您有时间且方便的话，恳请您来医院见朝阳一面，哪怕片刻也好，这样，朝阳也许……会想再多活一点。为了这点微小的希望，我知道我的请求很失礼，希望您能原谅。

我与朝阳的母亲并非从一开始就会用手机邮件联络，只是在医院见过几次面而已。我之所以能了解到朝阳母亲的一些状况，就是因为有这个喜爱聊天，又擅长洞察人内心世界微妙情感的朝阳的存在，从她的话语中，我充分感受到朝阳的母亲是一位非常优秀的人，并对她非常尊敬。

同时，朝阳的母亲在送给我的新年贺卡中写到：从朝阳的话语中，我感受到了前田女士倾注给朝阳的满满的爱心。真心地感谢您。那时，我与朝阳的母亲大概就只是这样的关系而已。

谈起我与朝阳的母亲互相知道对方手机邮箱的事情，朝阳的母亲诧异地表示不可思议，我也深有同感。说起来，这还要感谢朝阳的“误解”。

事情发生在朝阳失去意识前一个月的那个十二月。我和朝阳说：“阿姨去年收到了朝阳的妈妈寄来的新年贺卡，今年阿姨也想给朝阳的妈妈寄贺卡，朝阳搬了新家，能不能让妈妈把新家的地址写给阿姨呢？”

朝阳平时说话做事条理都很清晰，更何况我明确地告诉了她要地址的理由，可令人吃惊的是，在朝阳从妈妈那里拿来的记事本上写着的却是妈妈的手机邮箱地址。

朝阳失去意识之后，朝阳的母亲心痛地说着：“多亏她把‘地址’的意思搞错了，才能马上联系到前田女士，如果给了您家里的住址，就等不到您来了。”

被医生宣告“今明两日”时的朝阳母亲的心情……一定是一种走投无路的感觉吧。

后来，朝阳的母亲在写给我的邮件中，也提到了当时的情景。

朝阳罕见地“弄错”地址使我能联系上您；朝阳在妈妈都不知道的情况下做完了圣诞贺卡准备送给您；贺卡没能送到，却放在她整理箱最上面的最醒目的位置……这些偶然事件的重合，让我不得不想，这一定是来自朝阳心中的呼唤，她想叫前田阿姨过来！这些不可思议的巧合，甚至让我觉得，这正是朝阳临走前做的安排……

从十二月到次年一月发生的这些偶然，使我和朝阳的母亲从最初只是碰面说过几次话，到像现在这样能够相互联系，朝阳的母亲感到十分高兴，并曾多次提及这件事。

在朝阳人生的最后阶段，的确有了很多不可思议的偶然。就好像在她生命的最后，为自己描绘了一本美丽的图画书，每个地方都有她对大家的告别——“我走啦！”就像往常一样，勇敢而坚强，没有留下一丝遗憾。

于是，1月13日，我收到朝阳母亲发来的邮件。那封让我感到恐惧，里面写着我最不忍心看到的事情的邮件。“今天或明天就到日子了……”这句话占据了我的整个脑海，我意识到我要尽快赶到医院。

慌慌张张地整理下行装，我便奔向医院。每次朝阳看到我时的那句“呀——前田阿姨！”这次，却没有了。朝阳闭着眼睛躺在那里，嘴上戴着呼吸器，病床周围那么多的机器全都连接在朝阳瘦小的身体上。

朝阳的家人看起来也在等待着我的到来。“朝阳，前田阿姨来了，朝阳一直在等着吧？”我不敢去想象，对朝阳说着这句话的朝阳的两对祖父母此刻是怎样的心痛。

"朝阳，怎么睡着了呢？"

我在朝阳的耳边，轻轻地说。

"……"

朝阳没有回应，只是偶尔痛苦地微微颤动着身体。机器的声音冰冷而悲伤。我明明从她母亲发来的邮件中已经得知"朝阳已没有任何反应"，可我还是不甘心。"朝阳！快起来和阿姨说'前田阿姨，什么时候来的？我都不知道你来呢'……"

朝阳很喜欢大人抚摸她的头。我轻抚着她的头，搓着她的小手，这一天，她再没有给我反应。往常，她早已抱住我不放，开始和我撒娇，直到我发号开始游戏的指令。要不然她就会一直搂着我的胳膊赖着我。而这一天，她像是睡着了……但我知道，今日和往常不同了。那些医疗器械定时发出来的悲凉的声音，使我不得不接受残酷的现实。

"朝阳看着就像随时都能起来的样子……"

我转向朝阳的家人说道。这时，他们像忽然缓过神来一样，想起来要快点把那张重要的圣诞贺卡转交给我。

"对不起，前田阿姨，我没能赶在圣诞节的时候给你我做的贺卡。"朝阳从上个年末开始就很在意这件事。进入十二月，眼看着朝阳有几次都出现了吐血的状况，我知道朝阳的身体已经十分虚弱了。我试着劝她："朝阳，你最近一直都很累，不要勉强哦！也不用着急，等你好了之后再给阿姨就可以。"

"等你下次来的时候，我肯定就会做好给你！"新年过后，我第一次去朝阳那里的时候她这样跟我说……也是她最后一次这样和我说。

我终于拿到了这张没能从朝阳手中亲手接过来的宝贵的圣诞贺卡。我知道，当我打开信封，看到那些熟悉的朝阳的字迹，肯定忍不住流泪。但是，想起每次朝阳送给我她写的信的时候，我问她"可以打开读了吗？"她都会迫不及待地对我说："读吧！"我忘不了那双盯着我看，充满期待的眼睛。我决定在朝阳的面前打开它。

红色的信封上贴着三张朝阳最喜欢的皮卡丘的贴纸。三张贴纸，这对于热爱贴纸的小孩子来说，是非常大的让步了。

拿出里面的贺卡，正面一整面就是拖着硕大袋子的圣诞老人，背景是一座雪山，雪山上有朝阳手写的字迹——"我的心里"。

想尽快知道朝阳写了些什么，于是我打开了贺卡。

我的心里装满了一年中无数的——感谢

“我的心里装满了一年中无数的——感谢”。

特大号的文字下面，有好多好多的圣诞老人，分别拿着各不相同的可爱的圣诞礼物，每一位圣诞老人的旁边都写着不同的话语——

“谢谢你讲故事给我听。”

“谢谢你和我一起玩。”

“谢谢你成为我的好朋友。”

“谢谢你的鼓励。”

“谢谢你的倾听。”

“谢谢你的亲切。”

“谢谢你帮助我。”

“谢谢你疼爱我。”

“谢谢有你在身边。”

“谢谢你。”

……

那么那么多的“谢谢”，挤在这小小的卡片中。倘若在家中读到这些文字，我肯定早已泪流满面，我会忍不住在看到每一个“谢谢”时掉眼泪。

“在收拾朝阳病床周围的玩偶和物品的时候，我发现了这张卡片。朝阳将这张卡片……一直写到最后……”朝阳的母亲眼睛湿润地说。

上次见到朝阳的时候，她还对我说：“我还没有做完，对不起。”她一定是很努力地将这张卡片写到最后，直到失去意识。即便是朝阳的母亲都不知道她最终完成了这个作品。

卡片上用橡皮擦反复擦掉重写的印迹，让我明白朝阳在写这张卡片时有多么不容易，身体虚弱无力，手背上又缠着输液用手扳的朝阳，用起橡皮擦来一定很吃力。我看到了，每一个轻弱的字迹中饱含着的朝阳满满的心意。

这张圣诞卡片成为我一生中最珍贵的礼物——“悲伤与感动”的礼物。

收到朝阳如此用心做的可爱的卡片，却不能直接对她表达我的感谢，看着毫无反应的朝阳，我心痛如绞。然而我能想象得到，朝阳在写这张卡片时一定是在期待我看到后兴奋而高兴的笑容。所以我不能哭，特别是在朝阳的家人面前，我不可以哭，因为朝阳此刻也一定仍在拼命地为了活着而努力抗争。

我也在犹豫，朝阳病情危急的状况，什么时候通知森女士（另一位星期五的志愿者）比较好。我与朝阳之所以能共处那么长时间，是因为森女士一直一个人照顾游戏室里的其他孩子们。所以我很感激她。

森女士是一位亲切和蔼的人，她与孩子们说话时的表情和语气让人听着很舒服和安心，她总能给人带来平静和安稳。在护士喊我到朝阳那里之前，我尽量与森女士一起在游戏室里陪孩子们。可是森女士却总是对我说：“你快去吧，朝阳一定在等着你呢。”她心里想着朝阳，就算要自己一个人来照顾游戏室里的孩子们也不介意。

因此，朝阳与我在一起的时间比起森女士会多很多。我犹豫不定，要不要通知森女士朝阳现在的状况，我知道她接到通知肯定会前来探望朝阳，我不想给森女士带来过多的负担。星期五之外的志愿者们也都不知道朝阳现在的情况。

森女士经常在结束游戏室里的看护后来到朝阳的病房，我们总是三个人一起聊会天以后，我和森女士再离开。朝阳也经常在我们走时，送给森女士她手写的“谢谢“的小纸片。我想朝阳也一定感受到了森女士带来的温暖。

森女士家里有一只养了多年的爱犬，它上了年纪，最近身体变得很衰弱。朝阳听了以后便非常担心这只高龄犬，对森女士说，一定要好好照顾它，希望它好起来。森女士同我从病房出来往志愿者室走的路上，总是夸赞朝阳是个善良温暖的孩子。热心的人通常更容易察觉到对方的热心吧。森女士和朝阳两个人都是善良热心的人，很快就察觉到了彼此的相通之处。

傍晚，我拨通了森女士的电话。

“明天你和我一起去吗？”不出所料，我刚说完朝阳的状况，森女士即刻问道。

第二天，我和森女士一起来到朝阳的房间。而森女士对朝阳说的第一句话，让我很吃惊。

“朝阳，前田阿姨来看你了。你一直在等着对吧？你是知道的是吧？朝阳要加油哦！”

森女士说的并不是“她自己也来了”。这和我第一次来看朝阳时，朝阳家人说的话是一样的。虽然并没有像我一样陪伴在朝阳身边那么久的时间，她依然像爱着自己的家人一样疼爱着朝阳。倘若没有森女士的帮助，我与朝阳也无法拥有五年半的深厚感情。所谓志愿者，就是像森女士这样的人吧。

虽然和已经完全失去意识的朝阳会面对于森女士来说是很悲伤难受的，我依然觉得给森女士打电话是正确的。因为森女士的亲切还有那温和柔软的声音一定会从朝阳的耳边传递到她的心里。

猜猜我有多爱你

新年过后第一次去看朝阳的那天，成为我们最后一次一起玩耍的日子。

说是一起玩，那时的朝阳身体已经渐感疲惫，虽然她还小，却十分清楚自己的身体，所以当我来到朝阳的房间时，她一时很犹豫该怎样和我一起玩，是坐着玩点什么，还是躺下来让我给她读绘本。

“我好想和前田阿姨一起玩，可是坐久了又好累……现在还容易出鼻血，要是再出鼻血我会好害怕……是要玩游戏呢，还是读绘本呢？”

朝阳犹豫着不知道怎样才好。

“要是朝阳和阿姨玩上了，阿姨又会忍不住逗朝阳大笑了，那样朝阳会咳嗽很难受的。今天我们就读绘本吧！等下周朝阳好一点了再一起玩啊。”

“嗯，那就这样定了！和前田阿姨玩的话肯定会让我笑得肚子疼，外公给我借来的书有一本特别厚，我自己一个人看太费力了就一直放在那里，就读那本吧！但是，今天一天能读完吗？”

“今天是新年里第一次和朝阳在一起，所以阿姨决定等全部读完之后再走。朝阳最喜欢的‘延时大特惠’哦，算是阿姨送给朝阳的新年礼物！”

以前我若是延时陪她玩的话，朝阳会兴奋地大叫“太好啦！”而那天看起来很难受的朝阳，只是想躺下来看看书就好。

确实就像她说的，我们俩用了很长的时间才把那本书读完。那是一本意义很深、情节很暖的绘本。后来我想，也许这正是上天最好的安排，让朝阳在最后的时刻读到这本书。

经历年前的几次吐血，体力虚弱的朝阳，超出想象地从头听到了尾，每翻一页她都好期待接下来会发生什么。她真的很喜欢读书。

故事发生在国外，主人公是一个有视力障碍的小女孩。故事讲述的是，一群小朋友一起到森林里探险，小女孩虽然看不见，但是有着超人的听觉、嗅觉和敏锐的直觉，特别是还有过人的勇气。女孩对小伙伴们说："我的眼睛看不到，但是我有更敏感的心灵的眼睛。跟我走，这条路是对的！"小女孩在探险途中不断地鼓励着其他的伙伴，最终勇敢的孩子们探险成功。能得到大家的信赖，小女孩特别高兴，而因为小女孩给予大家的勇气，最后探险成功了，朋友们都非常感谢她。

朝阳特别喜欢这本书。

读到"挚友"这个词时，朝阳问我："挚友就是最亲密的朋友吗？朝阳有朋友，可是……可能没有挚友……没有也可以吗？"朝阳显得有些沮丧。

"有朋友就好啊，没有挚友也没关系的。再说了，朝阳不是有挚友吗？"

"谁呢？"

"不知道是谁吗？就在这里呀！前田阿姨虽然和朝阳整整差了四十岁，不过跟年龄也没关系吧？"

刚才还面带愁容的小脸，顿时明朗起来，眼睛里闪烁着光芒。

“真的吗？前田阿姨，是朝阳的挚友吗？”她激动地问道。

我笑着对她说：“是啊，阿姨是这样认为的。”

朝阳脸上充满了喜悦，安下心来的样子，缠着我要继续听下一页。

延长时间终于把这本书读完了，朝阳很满足的样子。外公借来的这本书，在儿童绘本里算是长篇巨著的级别了。朝阳一直想读又怕自己读不了，这下也算了了一桩心事。这一天，我也同朝阳一样，感到充实而满足。

收拾东西准备回去了，我像往常一样，一边对朝阳说着“那下周见！”，一边往门口走。

“前田阿姨，你知道朝阳有多喜欢前田阿姨吗？”

朝阳有些腼腆地问我。

“嗯，是呀。阿姨感到朝阳很喜欢阿姨，但是有多喜欢呢？是个有点难的问题啊。那反过来，朝阳知道阿姨有多么喜欢朝阳吗？”

“那……我们比赛谁喜欢得更多吧！”

我觉得，这是对孩子来说非常重要的话题。

或许是想让我再多待一会儿，朝阳总是会在我收拾东西准备离开的时候，突然抛出各种各样很难三言两语结束的话题。

“这样吧，把这个话题留到下周我们一起讨论怎么样？”

“啊？真可惜！”

“今天都已经超时了，阿姨肚子都饿了。那再见喽！下周见！”

平时大多情况下我会很果断地离场，可是那一天，朝阳眼睛里流露出来的无法描述的情感，让我不忍心拒绝她。

“阿姨喜欢朝阳就像……我总是想，不只是星期五，要是其他的日子也能见到朝阳的话就更好了。”

“朝阳喜欢前田阿姨，有希望前田阿姨每天都在这个医院里那么多！”

“阿姨喜欢朝阳，都想把这么可爱的朝阳带回家去！”

“朝阳……朝阳在这个世界上最喜欢妈妈，朝阳不能没有妈妈。可是，如果前田阿姨和妈妈两个人都是我的妈妈就好了。我喜欢阿姨有这么多！”

“阿姨没有来医院的日子，也一直想着朝阳，想着朝阳好不好，朝阳开不开心……”

这个时候，刚才还一直躺着的朝阳坐起身来，伸出带着氧气值测量仪和输液管的双手，慢慢地向外张开。身体虚弱的朝阳，何况手上还有那么多管子，该有多困难啊。她认真地把两只手臂努力地张到不能再大，对我说：

“我喜欢你有飞出宇宙那么多！这——么这——么多！”

“……”

朝阳几乎使出全身的气力，运用脑海里最想要表达的词汇展现给我看。我睁大了眼睛看着她，一时语塞。

“怎么样？这次比赛，朝阳赢了吧？”

“有飞出宇宙那么多？那真是太厉害了！”

孩子都喜欢做游戏，而且每个游戏都希望自己能赢。然而，这次的游戏不同。赢了游戏就说明对方喜欢自己的程度会弱一些。朝阳期待又紧张地等待着我的回答。

“嗯，飞出宇宙那么多……阿姨被朝阳这么一说，一时还真想不出来了。但是输给朝阳又不甘心，阿姨肯定不会输的！那，朝阳知不知道‘第二轮’的意思？今天突然被朝阳问到，对阿姨不公平，朝阳能不能再给阿姨一次机会，我们下周进行‘第二轮’比赛，好吗？”

“好呀！那今天是不分胜负喽？”

朝阳看起来很高兴的样子。起身准备走的时候，我心想，今天能这样结束太好了……

“其实，有一本像这样的绘本哦，朝阳很早以前就读过的。”朝阳说道。

“像这样的？是指什么呢？”

“就是比一比谁更喜欢谁多一点的故事，可惜朝阳忘记那本绘本的名字了。”

“还有那么可爱的绘本呀，阿姨对小朋友的绘本也很熟悉，可是没有听过这个，有机会一定要读一读这一本。”

“朝阳以前看过，可是和前田阿姨说到这个，朝阳也又想再读一遍了。里面是怎样写的来着？……可是我记不得绘本的名字了，怎么办？”

“没关系，阿姨去帮你找！”

“查找绘本，也得知道绘本的名字啊。”

不愧是读过近三千本书的朝阳，比我聪明多了。

“但是阿姨很想和朝阳一起读那本绘本，所以阿姨想办法一定要找到它！就这么约定了！等阿姨找到了，我们一起读好吗？”

和朝阳的这个拉钩钩约定成了我们最终的约定。迄今为止，我们也曾有过几次拉钩钩，可是这次，不知为什么，就是感觉朝阳的小指头比之前的每一次都有力很多……

约定的绘本

从那天开始，参照朝阳说的“有多喜欢……什么的……那样子的名字”这句话，每次买完东西我都去书店找我们约定的那本绘本。就像朝阳说的，找起来真的太难了。就在我快要放弃的一天晚上，我忽然想起被我放在床头柜里还没有看完的一本书。

《适合成年人阅读的绘本指南——震撼心灵的60本绘本》。这本书因为很难一下子读完，所以我只是想起时拿出来翻翻，一直放置在那里有好几个月了。我猛然间想到：那本书里面会不会有呢？我慌忙地扫视那些目录文字，已接近最后的地方，我发现了一个名字——这！就是我要找的朝阳提到的那本书吗？我恨自己为什么没有早一点读到这里。

《猜猜我有多爱你》。

封面上一只小小的兔子，摸着对面大兔子长长的耳朵。看了一下内容介绍，里面有一句小兔子的告白是“我爱你，一直到月亮那里”。

“我喜欢你有飞出宇宙那么多！”我想起朝阳的这句话，更想起那天原本很虚弱，却在说到这里时眼睛闪烁着光芒的朝阳。

没错，就是这个绘本！

突然间，我泪流满面。在旁边的丈夫看见我的样子，吃惊地停下手中的工作。

“只是一本介绍绘本的书，不至于哭成这个样子吧？里面有那么好的书吗？写了什么特别令人感动的话吗？”

“……”

我几乎不能作答。最后只是勉强说出一句：“晚了……”

“什么？”

“这个……”

丈夫顺着我指给他的那页看去。

“是这本书啊……就差那么一点……”

丈夫虽然向来不善言辞，但从他的眼中，我看得出他已足够理解我那一刻的心情。因为平日里我经常跟他讲述我和朝阳之间的事，他也很愿意听。所以当我只说一句“晚了”的时候，他便领会到了。

发现这本书的时候，朝阳已经失去了意识。

想想这本书几个月前就一直在我的床边，为什么没有早一点想到它？这种悔恨让我心痛不已。

给朝阳读绘本时她探出身来充满期待，眼睛里闪烁着光芒，迫不及待想偷看下一页的样子……和如今失去了意识，痛苦的只是躺在病床上的朝阳的样子……在我的脑中迅速地交错着。一起读这个绘本的约定，已经无法实现。再也看不到朝阳那张充满期待的可爱笑脸了。

“这个时候才发觉，一切都晚了……”

此刻我已没有办法控制自己的情绪，一想到朝阳已经失去意识，已经来不及了……我抱着手中的书放声痛哭。

“没有再一次恢复意识的可能了吗？”我心存期许地问。

丈夫是医生，因此他更不想给我一个明确的答案。过了一会儿，丈夫对我说：“你已经做得足够好了。我想，在你陪伴朝阳的日子里，她一定是很开心的。”

即便再也没有机会给朝阳读绘本了，我也要在朝阳还有着生命体征的时候，把这本我们“约定的书”送到她手上。我多么希望，朝阳能够清醒过来。

第二天，本打算一大早去买绘本然后直接去医院，手机却收到来自朝阳母亲的邮件。

“刚刚，朝阳安静地走了。非常感谢您！”

当我看懂这句话的那一刻，与朝阳的这五年半的相处一点一滴全都浮现在脑海。原来，真的会有记忆像走马灯一样在脑子里不停旋转的感觉，与朝阳在一起的无数光景在脑海里循环闪现。

我除了就这么眼睁睁地去接受只有九岁，而且那么纯真可爱的朝阳的去世，别的竟然什么都做不了。至少在她去世之前，我若能把那本我们约定的绘本带给她也好啊。“朝阳！阿姨找到了！找到了朝阳想读的绘本了！我们一起读吧！！”我连这点小小的愿望都没能帮她实现。

手里握着手机站在那里发呆，我想到了朝阳的母亲。她是怎样一字一字写下这行心如刀割般的文字呢？恨不得自己随着孩子一起走的痛苦的心境下，朝阳的母亲还会记得我。想到这位母亲的悲痛与难以想象的坚强，胸口紧绷到透不过气来。

在朝阳去世一两个月后，我从朝阳母亲的话语中明白了她坚强的理由。

“朝阳两岁时，医生就曾下过病危通知，而后的这几年里，一直到朝阳最后失去意识，这里的医生护士没有一人曾放弃过朝阳，我从内心深深地感谢他们的付出。我仿佛能听见朝阳在对我说：‘你们都已经尽力来帮我了，所以不要哭！’朝阳非常感谢你们！特别是朝阳失去意识的最后十天，医生们仍是全力挽救，这给了我，以及我的家人们最好的安慰。我们从心底表示感激。”

与“可能会失去我的孩子”的恐惧时刻相对的这九年里，朝阳的母亲与其家人一定有过很多的痛苦纠葛。然而最后，却能以“万分感谢”这句话作为终结，我深感佩服。

一个人是怎样的人，我想只有在经历最苦难的时刻才能见分晓。人在幸福和宽裕的时候，很容易变得温柔优美，相反处在不幸与痛苦的环境当中，又会是怎样一种品行呢？我对自己丝毫没有自信。而像朝阳的母亲这般，在极限的痛苦中仍能保持一颗感恩的心，我对这位母亲尊敬不已。

我相信，一定是朝阳，才让她的母亲拥有在悲痛中感恩的勇气。朝阳，有一种强大的力量，支撑着她的家人直到最后，即便在她走后，依然激励着家人阳光勇敢，积极向前。我对朝阳同样钦佩不已。

“大家不要哭，谢谢你们！”

朝阳母亲心中听到的来自朝阳的这句话，在最后鼓舞着这位母亲。同样，我想在我今后的人生之路上，这句话也一定会激励着我。这是已将近五十岁的我，从一位还不到十岁的小女孩那里学到的最深刻的一堂课。

“生活中无论遇到什么困难，接受现实，不去彷徨，多用心去感谢身边人赐予自己的爱，珍惜自己得到的幸福。”这是朝阳教会我的道理。

朝阳去世之后没过几个小时，我接到了朝阳母亲的来电。

“朝阳现在进了解剖室。”

“太心痛了……”

不知道还能再说些什么……

朝阳经历过六次大手术，据说导管做过四十多次手术。如今，朝阳终于平和地走了，却还要面对手术刀！一想到朝阳母亲的心情，心中悲痛难忍。

然而，朝阳母亲接下来的一番话，让我震惊不已。

“是我向医生申请的。”

“？！”

“是我让医生对朝阳进行解剖检查的。”

“！！”

“朝阳每次看到和自己一起入院的小朋友能够出院，都是真心为他们高兴。如果她还有什么心愿，一定是希望自己最后能做些什么，对其他的小朋友有所帮助，我想她应该愿意接受解剖检查。”

那一刻，我恍然明白，朝阳的好，是因为有这样的母亲。相比之下，哭得声音断断续续不能清楚讲话的自己实在太懦弱了。

没错！朝阳就是一个这样的孩子。若上天能够传达朝阳的声音，她一定毫不犹豫地说：“我愿意！我想为朋友们做些什么！”

毋庸置疑，此刻朝阳的母亲恨不得马上将女儿拥入怀中带她回家，却又不得不在医院继续接受几个小时心痛的煎熬。

即便女儿已经去世，想到女儿生前的勇敢和真挚，她懂得女儿此刻的期望，更希望去为女儿实现。当我同时看到这位母亲深深的爱与痛时，除了“伟大”，我找不到更贴切的言语来表达我内心的钦佩。

在挂断电话的那一刻，我在内心立下誓言，我一定要做些什么，哪怕只是微不足道，也要尽自己的力量去抚慰这位母亲的伤痛。对于一个母亲来说，世上再也没有比失子之痛更悲痛的事吧？

生命的纺线

朝阳有着极强的忍耐力，并善于发觉别人的苦恼。她是那么亲和、善良。这也许与她长期的抗病生活有关。

有一天，我到了她的房间，发现同病房另一张病床的小朋友出院了，我看见朝阳一个人在那张空床的旁边玩着。

“呀，小雪已经出院了吗？好伤心啊，只剩朝阳一个人……”

“为什么？能出院多好呀！小雪可高兴了。”

当时她看我的表情就像在问：“为什么小雪能出院这么高兴的事情会让人伤心呢？”也好像在不满地说：“前田阿姨也应该为小雪的出院感到高兴才对！”

在朝阳面前，我为自己的心胸狭隘感到羞愧。

朝阳就是这样的孩子。她真心为其他小朋友的出院感到高兴。她有一颗不会羡慕，更加不会嫉妒的纯洁的心灵。

也许正是因为朝阳对自己能够健康出院期盼已久，每当小伙伴实现了这个美好的愿望，她都会很开心。“恭喜你出院！今后也要注意身体哦！”她对每一个朋友都会这样告别，虽然总也等不到自己可以出院的那一天。

朝阳和每个人都相处得很好，遇到烦心事她总会忍耐，是一个喜欢给周围的人带去欢笑的孩子。即使有一天突然可以去学校上课了，她也能马上和新同学们融洽地相处。我不清楚一个长期待在医院，很少接触外界的孩子，是怎样那么自然地融入集体中的。

到底是谁，在什么样的环境下，又是如何培养出一个孩子如此优秀的品格呢？在与朝阳平日的聊天中，足以感受到其母亲的出色，而在母亲的背后，还有一位在生活中、在心灵上深深地影响着这对母女的人，那就是朝阳的外公。

朝阳去世后我才发现，朝阳的修养与品质是从这位朝阳经常在口中念叨的外公那里，传承给朝阳的母亲，进而传递给了朝阳。

“一日一日积累下来的足迹自然地勾勒出了人生的轨迹。纯净的足迹中会屯留清澈的水。”

想到朝阳的人生，不禁想起相田老先生的这句名言。

纯洁清澈的心灵，犹如纺车织纺出来的绵长不断的丝线，在朝阳的家人中传递开来。这是一幅多么美好的画面。而我有幸结识朝阳，一定会珍惜她留给我的人生足迹，向朝阳看齐，努力走出更加明亮的人生。

生命到底是什么呢？若只是将一个人活在世上的时间称之为生命，那大概这时间的长短只能由老天说了算，我们驾驭不得。但如果我们不甘心听天由命，尝试让生命的意义更加厚重更加深远，也并非不可实现。

遇见朝阳，让我重新审视人生，审视生命、疾病、死亡、幸福……人生宛如一匹绢布，由各种各样的丝线编织而成，爱与责任、欢笑与苦楚……只要诚心以待，定能编织出美丽的人生。

用心编织自己的生命之线，爱惜他人的生命之线，众多的生命线交织在一起，将编织成一幅巨大绝美的画面。

“我希望每个人都能编织出自己最美好的人生，同时珍惜身边其他的人，我希望我们能共同编织，构成一幅巨大的最美丽的画面，让所有人一同感受其中的快乐、美好与温暖。”

朝阳留下充满爱与希望的愿景，结束了她九年精致美丽的人生。于二〇〇八年一月二十一日，永远地离开了我们。

儿童福利机构——W保育园

虽然我十分清楚，朝阳的开朗与坚强受其母亲很大的影响，但是我仍然不解，这个终日躺在病床上的女孩是怎样拥有一颗丰富多彩的心灵的呢。我对我不曾了解的朝阳的世界备感兴趣。

直到最近，我与朝阳母亲的邮件往来增多，才渐渐了解到结识朝阳之前，那个“我不了解的朝阳的世界”。

我与朝阳变得亲密无间，是在朝阳六岁后，不得不在医院长期住院之后的事了。在那之前，听说朝阳特别喜欢一个叫“W保育园”的福利机构，她在那里接受了良好的教育。

朝阳五岁时，那一年可以出院的时间加起来差不多有八个月，那段日子里朝阳几乎拿到“W保育园”满勤奖，朝阳的母亲对此欣慰不已。即使每两三个月就需要重复一次入院出院的过程，朝阳仍能坚持全勤，可想而知“W保育园”一定非常优秀。朝阳也不愧是一个积极努力的孩子。不难想象，那八个月的自由时光，无论对于朝阳还是她的母亲，都意味着至高无上的幸福。

朝阳的“幸福时光”让健康的我们不禁去反思，动辄就“不想去上学”“不想去上班”的奢侈和怠慢。

朝阳从四岁开始上的这所福利学校，主要是针对自闭症患儿开设的。在同一所建筑里，还有为残疾儿童开设的机构。而朝阳的情况，并不在这两者范围之内。类似朝阳这样患有重度脏器官疾病，稍有不慎便会危及生命的孩子，通常任何一家福利机构都不会接收。

因此，朝阳最初并没有申请到“W保育园”的入园许可，学校当然考虑到朝阳的身体问题，另一方面朝阳的情况与这所学校的福利教育体系也不相符。然而朝阳的母亲没有放弃，她为入园东奔西走，好在朝阳母亲的朋友也在这所学校里，加上“W保育园”是个很人性化的机构，给予了朝阳亲切的关照，最终才得以入园。

而在为孩子申请幼儿园的问题上，没费半点脑筋就轻松实现的我，当听到这席话时受到极大的冲击。朝阳与她母亲的经历让我懂得，一路走来，在我看来理所当然的每一件事，原来都那么值得感激与满足。

用朝阳外公的话来说，这所学校里做教育的每位老师都是神一样的存在。他们会根据每个孩子的特点，有针对性地进行培养教育。在这里，身患重病的朝阳如普通的孩子一样，有机会体验到游泳、运动会、夏日祭、公园踏青、乘坐校车等很多重要的经历。这让朝阳的母亲非常感动，也很感谢“W保育园”老师的辛勤付出。

在学校，有时好朋友会帮助朝阳推运装氧气罐的小推车，有时朝阳会担任往返校车中司机的小助手，发挥她伶牙俐齿的才能。因此，朝阳从小就感受到了助人与被助的温暖与快乐。

谈起朝阳的成长，除了有在“W保育园”所经历的难得的体验，更多的是朝阳的父母和她的外公外婆带朝阳去了很多地方，让朝阳体验和感受着生活的乐趣。

在大分的海边拾贝壳；一手拿着氧气装置一手扶着雪橇玩滑雪；单手跳盂兰盆节舞；参加自治体组织的地区运动会赢得观众的掌声；去看萤火虫；等等。旅途之中，朝阳固然也会有觉得很吃力的时候，但我想，若只顾虑朝阳的身体，让她终日躺在医院的病床上，她是一定无法如此开朗，拥有甚至比健康人更坚强的意志、更旺盛的精力的吧！

朝阳的父母、外公外婆、爷爷奶奶给予朝阳的爱，以及那所优秀的“W保育园”带给朝阳的体验，让朝阳从小便学会了善良与坚强。还有最重要的——活着的乐趣。

在失去意识的那天清晨，朝阳说的最后一句话是——今天身体状态不错，我要练习走路！

听到这里，那一瞬间我不禁眼睛湿润了。这一两年来，朝阳别说走路了，就连站起来都很困难。直到生命最后的最后，朝阳也没有放弃希望。这种坚韧，大概就是朝阳的家人带着朝阳去体验万千世界过程中积攒和沉淀下来的能量吧。

北极熊小白探险记

朝阳去世之后，朝阳的母亲给我邮寄了一本特别可爱的绘本。

那是一本名为《北极熊小白探险记》的绘本，是朝阳被告知要开始进行长期住院治疗，不能再去学校的那段时期创作的。绘本的图画传递着“决不放弃”的力量，每一页，那些成年人所不再拥有的新鲜稚嫩的感性，充盈在色彩、文字和图画之间。

这本《北极熊小白的探险记》，恰似朝阳的自我写照，图画中映射出勇敢、积极向上的姿态。朝阳曾说梦想成为一名护士，而我则觉得，朝阳长大之后也可以成为一名漫画家，或者童话作家。她的画作，生动而感性。

“小白，是朝阳养的一只布娃娃……”。绘本的开头就好可爱。

朝阳提到的叫小白的北极熊，是从朝阳婴儿阶段就一直陪伴在身边、爱不释手的宝贝玩偶。朝阳的奶奶为了让朝阳高兴，给小白做了夏天穿和冬天穿的好几套可爱的小衣服。朝阳经常拿出来给小白开心地换来换去，嘴里还说着“小白，是朝阳的宝宝哦”，疼爱得不得了。

有一次我拎着小白的耳朵递过去的时候，朝阳气冲冲地对我说：“不可以拎她的耳朵！要好好地抱着她！”像这样无比爱惜着的玩偶，甚至不让其他人去碰一下，却能对我说：“前田阿姨，把小白递给我呗。”现在回过头来想一想，朝阳原来那么信任我，我却没有领会，随手抓起她心爱的宝贝，难怪朝阳会生气。

既然是北极熊小白探险的故事，那接下来小白是如何探险，又是到哪里去探险的呢？我满怀期待地继续读下去，读完才发现，所谓的探险只是小白清晨起来出去散步……而已。对于这个自出生开始就一直带着氧气管的朝阳来说，能够自由地出去散步，也许就是很向往的事情了吧。

绘本从北极熊小白清晨出去散步开始讲起，走到公园，摘下几支可爱的小花，最后平安无事地回到家。“啊——今天也是开心的一天！”就这样说着，小白躺在自己的小床上满足地睡着了。这就是朝阳所描绘的小白的探险旅程，乍一看似乎并没有什么特别的简短且单纯的故事。

绘本中，小白的周围填充着绚丽明亮的色彩，象征着梦想和希望。提到这本绘本时，朝阳的母亲欣慰地说：“就像在描绘朝阳自己，积极又温暖，这是我最喜欢的一本绘本了。”的确，我也这样认为。

小白探险结束后，回到家中安心地睡着了……其实故事并没有结束。第二天清晨，小白起床说：“今天再去哪里探险呢？”以此作为全书的结尾。

一次探险成功地结束了，继续憧憬着下一次旅程。也许因为自己的身体状况，以后都不能再去上学，但愿望仍然无止境的持续着。绘本里的小白，完美地与朝阳重合。

不放弃希望，永远心怀梦想。聪明的朝阳到最后已有些意识到自己病情的严重性，却依然拥抱梦想，从未放弃。朝阳的心声在这本绘本中得到了很好的诠释，无论怎样都要努力争取快乐地活下去。

朝阳将心中所有的希望与梦想全部寄托于这只从自己出生起就一直陪伴在身边的娃娃身上，将其描绘在美丽而明亮的色彩中……我深深理解朝阳母亲最喜欢这本绘本的心情。作为母亲，在设想生病的女儿内心深处的情感时，难免伤痛难过。然而，朝阳带给母亲的却是“我不会放弃的！”这种阳光般的希望。女儿的坚强一定是给母亲最大的安慰。

失去孩子的那种伤痛，我无法切身体会。我以为在遗体告别式之后，我与朝阳的母亲便再无联络。朝阳的母亲似乎也觉得，在朝阳走后，我们也不会再次相见。所以才会有那天，发现圣诞贺卡后，她急迫地发邮件给我，无论如何，都希望能亲手将卡片交到我手中。

春风拂过，我再次想起朝阳。

那日，我终于按下了犹豫已久的邮件发送确认键，发出了我的想法。

“我想将朝阳的人生记录下来……”

令我意外的是，没过片刻便收到了朝阳母亲的回复。更让我感动的是，邮件中的文字充满感激。感谢我，以及所有曾经帮助过朝阳的人，并且对我写书的想法感到高兴和支持。

“那就拜托前田女士了！我会尽全力去协助您！”

感谢朝阳母亲的理解，我才有勇气写下本书。在彼此联络往来中，我们甚至觉得朝阳依然在我们身边。所有这些，都要感谢那张圣诞贺卡。

朝阳给我做的那张可爱的圣诞贺卡，仿佛就是朝阳临走前要将我与她的家人牵绊在一起的心意。我会将这张贺卡永久珍藏。领会到朝阳美好心意的我，还有她的家人，更不会辜负她的心愿，我们会将朝阳那颗纯真热情的心灵永远珍藏。

背后支持我志愿者工作的家人

得知朝阳去世的消息后，家人的关心让我平和了很多。

当初我向家人提起我想做医院志愿者的时候，他们就对我说：“你要去那个有好多重症心脏病患儿的医院吗？你那么容易哭，不希望你投入过多的感情。”这是我做这份工作时，家人对我提出的唯一条件。他们担心我在工作中付出太多感情，不愿看到我悲伤哭泣。我也理解他们的心情，把约定牢记于心。然而，未曾想到的是，最后迎来的竟是如此悲伤的别离。

“妈妈，我知道你很难受……你还好吧？”

儿子低落而担心的语气让我感到儿子与我有着同样的悲伤和无奈。我给他看了那张朝阳失去意识前还一直在写的圣诞贺卡。

儿子的眼角湿润了，他小心翼翼地读完我视为宝物的贺卡。这是来自儿子的温存。

“朝阳她……走了吧？妈妈，您能在朝阳的心中占据那么重要的位置，这是一件好事呀！说明平日里，妈妈给朝阳带去了很多安慰和欢乐。朝阳的去世，虽然对身边人来说是悲伤的，但对于饱受疾病痛苦折磨的本人来说，离去也许是件好事，不是吗？”

听到朝阳去世的消息，远在九州生活的女儿马上给我发来邮件。女儿的性格积极开朗，邮件文字中的豁朗使我凝重的心情得以少许缓解。这是来自女儿的温存。

儿子对事物的看法与感受常与我相似，不知多少次，我被儿子的亲和、体贴治愈；女儿有着乐观、积极的生活态度，又有多少次，她的爽朗引导我找到更明亮的方向，弥补我的不足。

我的家庭中，每位成员都有各自的温柔。而我丈夫的身上，既有儿子的温和，又有女儿的率直。虽然他平时工作很忙，但我对他念叨那些在医院的日常，不管多么琐碎，甚至有些无聊，他都会认真倾听。我觉得他能记住所有我同他讲过的小儿病房里的孩子。

他记得那个19岁的少年向我吐露的心声——“我有这么不好的心脏，娶了她，如果哪天我突然去世，我的女朋友太可怜了！我真不知道该不该向她求婚……前田阿姨您觉得呢？”

他记得那个出院时说要把我和他的宝贝娃娃一起带回家的M君。M君出院后有一次外来就诊，突然看见我也在医院，兴奋地大呼小叫着跑过来抱住我。由于声音过大，咨询台的护士还以为哪个孩子忽然发病了，惊惶地赶过来察看。

他记得我和瑞希一起打扑克牌，互不相让，最后打到我们俩疲惫不堪、神经衰弱……

他就是这样的人。所以，我说的最多的关于朝阳的话题，他更加记得。朝阳的母亲发来信息，他赶快说：“快去吧！”便即刻送我去了医院。朝阳去世那天，丈夫的眼里也流露出无尽的惋惜。

对世间万物常怀感激

我想，我会一直想念朝阳。

不仅因为她的病症严重，我们相处的时间最久，还因为我偶然间发现，我们有一个共通之处——喜欢说“谢谢”。

学会感谢，是去世的父亲影响我最深的一点。父亲，是一个连微风拂面都要感谢的人。父亲常说：“孩子感谢父母，学生感谢老师，下属感谢上司，是天经地义的。而更重要的，是一个人能否反过来也同样做得到。”父亲还经常说：“有这么好的孩子我感到非常幸运。感谢孩子让父母获得幸福。感谢我的孩子！”他出生于明治时代，性格非常严谨，但他的这些话语，却在我童年时期幼小的心灵中，留下无比深刻的印象。直到我有了自己的孩子，育儿生活中有了很多感触之后，我才真正懂得父亲那些感谢的含义。在被感谢的环境中成长的孩子，想必心中也会充满爱。

当我抱怨："下雨了，今天不能去公园玩了。"父亲便会对我说："下雨好啊！如果不下雨，植物都无法生长了。"当我唠叨："太热了！热得没法睡觉！"父亲就会说："夏天就是出汗的季节，炎热的天气里多出出汗，对身体有好处。"长大之后，听母亲说，小时候我们家条件还算宽裕，可是买电风扇却比别人家晚很久。"孩子们都热得出疹子了！"妈妈有些不满地说。我怀疑，父亲的执念是否有些极端了。

父亲就是这样一个经常把"看事情要看好的一面"挂在嘴边的人。某日，父亲让我将地球仪拿过来，指着它对我说："当太阳照射这一侧的时候，地球另外一侧是看不到太阳的，对吧？而太阳是永远存在的。不必去担忧暂时的黑暗。人生也是如此。不必纠结于眼前的黑暗，去寻找和发现生命中更明亮的地方，去享受生活，去感谢生活。这样，人就会很快乐！"

因为家境贫寒，父亲12岁便去当了学徒，之后一直毫无怨言地供他的弟弟们读书。我很尊敬我的父亲，父亲说过的话我也铭记于心。

我想成为父亲那样的人，当和风吹拂、当仰望晴空、当发现路边一朵小小的鲜花绽放，都会满心欢喜。虽然我没有父亲那样坚强豁达，在生活中，常常因为莫名的小事而烦忧，但我始终没有忘记，心怀光明、心怀感激。

平凡的日子里，时常可以从一些微不足道的小事中感受到莫大快乐的我，可以说是幸福的。父亲已经去世二十多年了，我很想念他。

父亲去世三年后，我结婚了。爱人是一个我一直寻找的、会在轻声细语间自然而真挚地道出“谢谢”的人，感谢命运让我遇到了我的丈夫。

“父亲，我现在生活得很幸福。请您放心！”您教会我的对世间万物的感谢，在我的心中，正不断地循环传递给您。

而生活又让我遇到朝阳，遇到这个同样懂得感恩的女孩。

对周围的人，她总是心怀感激。每当小伙伴或大人们帮助她做了什么，哪怕是极其微小的事情，她都会真诚地道声“谢谢”。即使是在身体虚弱无力时，仍会吃力地道出那声“谢谢”。

每次我离开病房时，朝阳都会挥手对我说“再见！”之后，加上那句“谢谢！”。我已走到走廊，依然能听见朝阳的声音。“前田阿姨——谢谢——等您下周再来——”我真的，好喜欢那个声音！

告别式

送别朝阳的礼厅很新、很干净。从电梯出来，我走向接待台，台前的人们都已满眼泛红。

在来的路上，我一直对自己说，在坚强勇敢的朝阳面前，今天一定不能哭！然而，进来的一刹那，所有的自信都烟消云散。

举行告别仪式的房间宽敞明亮。朝阳在鲜花和小动物玩偶的簇拥下安安静静地躺着。照片中，她笑得很甜。

龙猫八音盒里流淌出的旋律比电影里的缓慢很多。是我喜欢的电影《龙猫》的主题曲。

“朝阳，阿姨特别喜欢这首歌，在今天这样特殊的场合听到，恐怕阿姨以后都会因为伤心没办法再听了……”

我在心中碎念着。

此时，仿佛听见朝阳对我说：

“前田阿姨说什么呢？这可是送别朝阳去天国的助威歌哦。我可不希望你讨厌这首歌！”

恍惚间，像是被朝阳“啪”地拍了下肩膀。

将朝阳培养得如此坚强的母亲，站在朝阳的旁边，向列席者一一鞠躬回礼，不时和他们谈论着与朝阳的回忆，看起来与平日别无异样。

我想不到有什么词可以形容朝阳母亲那一天坚强的样子。换作我，估计连站立都很困难吧。

朝阳的母亲看见我，走过来对我说：“谢谢您的到来，朝阳的样子很好，安稳地睡着了一样，您过来看看她吧。”

“……”

我向朝阳的母亲深深地鞠了一躬，走到朝阳的棺旁。我看着如同正在熟睡的朝阳，想着要对她说些什么。有很多很多话想对朝阳讲，可是一要开口，就快哭出来了。最后只黯然地说：

“终于从那些机器中解放了……”

朝阳的母亲站在我的身边，温柔劝慰：

“是啊，看起来很舒服吧。不用再戴呼吸器，也不用再打点滴了。我想，朝阳一定在等待着您的到来。”

没有了前日痛苦的表情和浮肿，朝阳此时如熟睡般的小脸，很美。

这是我第一次，看到朝阳身上没有任何医疗仪器的样子。氧气管、输液架、心电图仪……朝阳从出生起，还是第一次完全摆脱了那些厌烦的家伙吧。

看着终获自由的朝阳“熟睡”的小脸，我一面想“终于解脱了，挺好的”，而另一面，我又多么希望，不是在此时，而是在朝阳还可以喊、可以笑的时候，能够卸下那些重负，毫无痛苦地尽情奔跑！哪怕只有一次。

复杂矛盾的情绪不断冲击着我，这种感觉无法言喻。

在朝阳的左侧，北极熊玩偶小白紧紧地贴着她冰冷的小脸。什么玩具都可以借给朋友玩的朝阳，决不会将深爱的小白分享给其他人。小白，是她的寄托。

无论是进手术室，还是下心脏导管时，朝阳都带着小白一起。在妈妈不能来医院的孤独的日子里，在接受检查之前不安害怕的日子里，小白见证了朝阳所有的坚强。

小白是朝阳的宝贝，朝阳与小白在一起的时间比与父母在一起的时间还要长。去年万圣节的时候，朝阳为小白用纸折了一身华丽的衣裳，还说要带着小白一起去游戏室参加万圣节晚会，我还记得朝阳那日紧张而又激动的神情。

朝阳小脸的右侧，摆放着三只用毛毡做成的小狗，这是朝阳和我在最后的几个月一直玩的玩具。虽然只是零食上附赠的小赠品，但它们十分可爱。我们拿这三只玩具玩过家家时，真的很开心。朝阳还给它们分别取了名字。

“朝阳，原来朝阳的妈妈也知道这三只小狗呢。妈妈也一定知道朝阳和它们一起玩会笑得前仰后合，所以特意将它们放在了你的身边啊。”

“当！然！这是和前田阿姨一起玩时很重要的小狗们呢，可不能忘了拿的。”

“是啊。再说了，我们那天玩的游戏，还没有结束呢。朝阳，阿姨费尽心思逗你笑，你可不能忘了哦。”

“被前田阿姨逗得都快笑趴下了，当然不会忘了！”

我就这样一直看着朝阳，心中与朝阳的对话始终停不下来。

因为到会场比较早，倒是还有很充裕的时间停留在朝阳身边。但会面终会结束，我拿出绘本，还有我写给朝阳的信，递给朝阳的母亲。看着朝阳，想到这将是最后一次见面，心中万分不舍。

“麻烦您先读完这封信，如果觉得没什么问题的话，请帮我一起放在朝阳那里好吗？信封已经封好了，但我复印了一份文本，因为我觉得，您应该也想看一看里面的内容。”

那么久，母亲与朝阳相互鼓励支持，并肩与病魔抗争，两人三足般地走到今天。如果我在信中写到了什么不妥帖的文字，反而会造成伤害和遗憾。所以，我很在意……

朝阳的母亲微笑着说道：“您想多了，前田女士写给朝阳的信，不用查看的。还是让朝阳自己先读吧。等以后有机会，我再慢慢看。”

这位母亲直到最后，都能毫无保留地将所有事情交付给女儿。她从来没有将女儿看作病人，而是全身心地信任着朝阳，就像对待一个普通的孩子，甚至像对待大人一样，所以才能将朝阳培养得勇敢而坚强。

没过多久，告别仪式开始了。主持人平稳缓慢地读着从学校老师那里发来的电文。

“‘老师，不要哭好吗？’我仿佛能听见朝阳用大阪方言这样说着……”

听着才开始的悼文，发觉原来大家的感受都是一样的。每当我们想起朝阳，首先感受到的都是明亮、欢快，甚至超出了我们的悲伤。

“朝阳给了我们无穷的力量，直到最后。她的确是一个非常活泼开朗的孩子，无论是在怎样难过的日子，她都能释放出打败苦痛的能量，带给周围人快乐。真是一个难得的好孩子！”

龙猫的乐曲还在缓慢地流淌。我想，我应该不会再害怕听到它，因为它不再是悲伤的旋律。

告别仪式在丧主的致辞中结束。担任丧主的是朝阳最喜爱的外公。外公，做外孙女葬礼的丧主……难以想象这是怎样一种痛。朝阳的外公两眼泛红，但挺拔的身姿和沉稳的声音中散发出坚韧，致辞让人感动而钦佩。也让我明白，将朝阳的母亲培养得如此刚强的人，应该就是眼前的这位父亲。

外公首先说道：“朝阳的人生虽然只有九年，但过得很开心快乐。”然后逐一向这九年中关心和帮助过朝阳的人表示感谢——朝阳的医院、学校、朋友，等等。没有泣不成声，没有慌乱失措，只是温和而真诚地向每一个人表达内心的感谢。纵使心中有无限的悲伤与不舍，都未表现出丝毫的波澜，只是感谢而已。

外公的致辞，让原本悲痛的葬礼，变得豁然明亮。与阳光的朝阳，最相称不过了。

每次我对朝阳说朝阳的母亲和外公都好了不起的时候，朝阳都会瞪大眼睛，一副很不可思议的样子问我："前田阿姨又没有见过他们，为什么知道呢？"

朝阳，阿姨猜对了哦。朝阳的母亲还有外公真的是很了不起的人!

"接下来，是与朝阳道别的时间。请大家来到棺前，献上您手中的花。"

身高足有一米八的主持人眼睛也是红红的。我告诉自己，到了向朝阳正式说声"谢谢"的时间了。

"朝阳，到了天堂一定要好好玩。把你在这边无法尝试的，都在天堂里实现……"

"可以去游泳了，可以吃很多朝阳喜欢吃的东西了……"

周围的人对朝阳表达着自己的心情，而我，看着朝阳可爱的小脸，认真地对她说出了我的心里话——

“朝阳，谢谢你，真的谢谢你……”

我终于正式地向朝阳表达了感谢。

虽然以前在病房里，经常抚摸朝阳的头，而这次，也是最后一次，我抚摸着她，从心底对她说，你真的是一个非常非常好的孩子。

周围鼓励着朝阳的声音还在继续着。

“朝阳，不要寂寞……我们永远……在一起……”

当我说出这句话，周围人的声音也开始颤抖，好多人哭了出来。原来，大家同我的感受都是一样的。

一直以来，我总是自作聪明地想着尽我所能，帮助朝阳把在医院的每分每秒都变得快乐，我一直把朝阳当作小孩子看待，而此刻，我才是更寂寞的。

听起来像在鼓励朝阳“不要寂寞……”，而我此时的感受，就像一个对我来说非常重要的朋友离我远去般孤独难耐。

转过神，我仿佛看到朝阳，仍然在某个地方开心快乐地生活着。

“接下来，是家属单独道别的时间。请大家到会场一楼大厅稍作等候。”

随着主持人的安排，大家一同乘坐客梯下到一楼，大厅显示屏上静静地播放着家人与朝阳做最后道别的画面。大家红着眼睛，安静地看着。

朝阳的母亲到最后的最后，几次来到朝阳身边，离开，又回来，摸摸朝阳的头，下决心，还是又走了回来。虽然整个告别仪式，母亲都像外公一样，不慌不乱地冷静地坚持下来，可是面对自己的女儿，又怎能那么容易说告别。

朝阳母亲的身影显示在屏幕上，无论何时都超乎想象的果断勇敢的母亲，在最后只是作为孩子脆弱又悲痛的妈妈，不愿与女儿分离。

“朝阳，你选择这样一个好妈妈将你生下来，真的很幸运。”

最后浮现在我脑海的，就是这句话。

朝阳和她的母亲，教给我太多太多，千言万语也无法道尽。

清晨便开始下的雨停了，明亮的阳光照射进来。

目送载着朝阳的车缓缓离去，我双手合十，深深地弯下腰。

送走朝阳，向车站走去。仿佛是朝阳给我的勇气支撑着恍惚的我走在回家路上。

不知何时，似乎听见从远处传来的声音。声音越来越大，越来越清晰。

“前田阿姨——

谢谢你！

一定再来哦！

谢谢——”

是朝阳的声音！是每次我离开病房时，朝阳都会对我说的话。而这一次的声音，比以往任何一次都更加清亮、更加明媚，直击我心。

朝阳这句纯真善良的“谢谢”，一直回荡在我的耳边，也将永远封存在我的内心深处。

书信

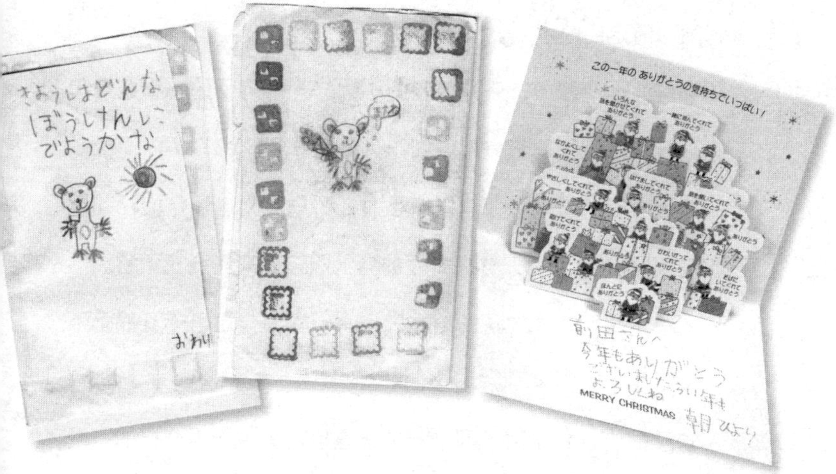

朝阳，阿姨有话对你说

朝阳喜欢写信送给别人，收到信的时候也特别开心。要留给朝阳怎样的话语作为最后的告别呢？我决定去买信纸，还有那本迟到的“约定的绘本”。

飘落的樱花瓣中，一只可爱的小熊与一只可爱的小狗在一起快乐地玩耍。这张信纸就像给朝阳订制的一样。那只小熊像极了朝阳无比心爱的娃娃——北极熊小白；那只小狗也一定能让朝阳想起爱犬Niko吧。多么鲜亮有趣的信纸啊，真高兴能找到它。

我决定买两本“约定的绘本”。留一本给自己，一直保管下去。

走进书店，我看到了那个与《绘本指南》中一模一样的可爱的封面。终于找到它了！原来在书店里摆放着这么厚厚的一摞。我一边想着为什么没能早点发现它，一边赶快拿了两本走向收银台。

翻开绘本仔细一看，原来是在我的孩子升入初中之后才出版的。

《绘本指南》中，只有内容简介。我迫不及待地翻开绘本，想快点读完整本书的内容。但我还是停下了，我决定回到家中，一个人安安静静地仔细品读。这是一本我与朝阳做过约定的特殊的绘本，我们曾约定要一起读一次的……

收银台处站着一位看起来就很亲切的微胖的大男孩。

“这里有很多种适合小朋友的包装纸，您要不要选一张？”男孩熟练地从收银台下拿出五六种色彩绚丽的包装纸摆到台面上来。

“啊，这个……嗯……”

我的脑海中只有“快点拿到绘本”这一想法，我自己都不知道自己在支吾些什么，好像是：

“是送给已经去世的孩子的礼物……”

“啊？啊，是这样啊。那么、那么，不如换个颜色。有这种很简单素净的包装袋，您需要的话可以送给您。”

卖小朋友绘本的地方的店员必须体贴、亲切——应该没有这个规定吧？然而那一日，面对魂不守舍的我，店员耐心地重复着“是这样啊……”，小心翼翼地将两本绘本轻轻地装进他送给我的袋子中。也不知是不是我的错觉，我看见店员戴着的那副宽边黑框眼镜后面，隐隐泛着泪光。

账结完了，可书还放在收银台后面的柜台上，店员也不知为什么就一直呆呆地站在那里。

“请问……我可以拿走我的书吗？”

“啊！真是对不起。是我的疏忽，居然忘记把书给您了，对不起，感谢您的光临。请慢走，谢谢。”

店员感同身受的善意，让我忧郁的心情缓解许多。

回到家，我马上打开书。

小兔子上床睡觉之前，问身边的兔妈妈，我们两个到底谁爱谁更多一些。几个回合过去，小兔子实在太困了，已想不到更合适的词语，索性说：“我爱你，一直到月亮那里……”说着说着，便睡着了。

绘本也是一样的……谁爱谁多一点，没有胜负。

与朝阳最后一次见面那天的“比赛”，就像绘本中一样，没有以我宣告失败而结束，而是约定了下一场比赛。“前田阿姨喜欢我，会不会比我喜欢她还要多呢？”如果当时给朝阳留下的是这样的念想，我将无比欣慰。如果……朝阳也像那只小兔子一样，只是暂时睡着了该多好啊！

我和朝阳的那次“比赛”真是和绘本中的情节太像了。虽然一整日过得疲惫不堪，但绘本中的温暖与太阳般明媚的朝阳是如此相称，这让我心中暖暖的。

合上书，我拿出信纸。

朝阳，你一直都那么努力、坚强，你真的好棒！

从此以后，再也不用去忍受那些恐怖的检查和输液了。

朝阳最喜欢的睡懒觉，这回一定要好好享受。

你虽然那么小，却教给阿姨好多好多大人的道理，谢谢你！

朝阳送给阿姨的东西那么多，阿姨都感谢不完了。

你为阿姨亲手编织的围巾，花了整整两天为阿姨做的珠子项链，用最喜欢的折纸为阿姨做的护身符，一起吃饭时给阿姨做的折纸三明治，还有你给阿姨写的信，还有那些珍贵的照片……还有你最后送给阿姨的，写着那么多“谢谢”的圣诞贺卡……阿姨忍不住哭了。

朝阳送给阿姨的这么多东西，都是可以看得到的，每一个都让阿姨超级感动。

而朝阳更让阿姨感动的，是那些看不到的、了不起的东西。

如果你现在在我身边，一定会问我吧？

“看不到的东西，是什么呢？”

要是你可以长大，就会明白的。

阿姨会永远感谢朝阳。十岁的朝阳，十一岁的朝阳……二十岁、三十岁的朝阳……每一年，阿姨都会想念朝阳，并把阿姨的思念和感谢传达给你。

我们最后见面那天一起约定的绘本，那天之后，阿姨到处去找，终于在你临走的前一天找到了它。

“前田阿姨读绘本超级有趣！”你总是这样夸奖阿姨。这么晚才找到，对不起！

那一天，你问我：“前田阿姨，你知道朝阳有多喜欢前田阿姨吗？”随后，我们开始了谁更喜欢谁的较量，你用力伸展开还在输液的双臂，铆足力气挪动疲惫的身体，对阿姨说：“我喜欢你，有飞出宇宙那么多！”

那天，你眼里闪烁的光芒像是夜空里最亮的星星。阿姨听到你的话，真的很开心。

“其实，朝阳以前看过这样的绘本呢，是两个人争论谁喜欢谁更多。可惜，朝阳忘记了那本书的名字了，好像叫‘有多喜欢’之类的。”那天，你为了和阿姨分享那本绘本的故事，使劲儿地回想绘本的名字。

“阿姨也特别想读那本绘本！”

“朝阳也是！”

“那阿姨去书店将找一找，然后我们一起读！”

这成了我们最后的约定。

朝阳，你想起来了吗？那本绘本中，小兔子最后说的不是宇宙，而是“我爱你，一直到月亮那里。”朝阳说喜欢阿姨有飞出宇宙那么多，那朝阳的喜欢要比绘本中到月亮上面的喜欢还要多得多呢。你那么喜欢阿姨，阿姨真的很开心，很感动。谢谢你。

朝阳，小兔子与大兔子之间的对话是那么温暖。阿姨多想扮演小兔子与大兔子的角色，用最棒的读法读给你听啊！阿姨又伤心地哭了。

朝阳，那本书叫《猜猜我有多爱你》。

多亏朝阳记得这本书，能找到它实在是太好了。

想想自己有多爱那个人，然后将自己的心意表达给他（她），这真的是一件最美好不过的事了。朝阳身边一定有很多你爱着的人吧？你也很希望将自己的爱传达给那个人吧？

所以，朝阳才一直都记得那个绘本，才想再读一次，对吧？

朝阳，你的爱已传达到那些人的心中，在那些被你爱着的人们心里，你一直都在，永远都在。

而且，以后不会再有吊瓶、氧气管、心电图、心脏起搏器……

你一直期待着的“痛快奔跑”终于可以实现了。

终于可以没有任何限制地、尽情地吃你喜欢的冰激凌，喝你喜欢喝的果汁了。

朝阳，用你最响亮的声音喊出“太棒啦！”这句话吧！尽情地奔跑吧！毫无顾虑地去品尝所有你喜欢的食物吧！

最后一次我们相见的那天，除了“约定的绘本”，我们还有了另外一个非常重要的约定。我们一起兴奋地约定：“朝阳和前田阿姨，虽然差了整整四十岁，但从今天开始，我们就是挚友了！”

从朝阳三岁那年初识至今，我们有过太多美好的回忆。阿姨会将这一切回忆珍藏一生。

朝阳虽然年龄小、身体又不好，却总是比起自己更担心妈妈。朝阳的妈妈，就像阿姨想象中的一样，不，应该说更超出阿姨的想象，非常地了不起！

朝阳的妈妈很了解朝阳的心意，为了不让朝阳担心，不被你嘲笑，已经坚实而勇敢地踏出了新的一步。所以朝阳可以安心地在天国和很多朋友一起好好地生活了。

前田阿姨也不想被朝阳笑话，为了不输给朝阳，阿姨也要继续努力！朝阳在天国要给阿姨加油打气哦！

朝阳，你走出的人生，比大人都要了不起。不仅仅是你在世的九年，在未来的日子里，你依然会激励我们前行。

朝阳，谢谢你！谢谢你带给我们的强大的力量。

“朝阳，真是个好名字呀。是谁给朝阳起了这么好的名字呢？”阿姨不止一次这样问朝阳。

清晨，伴着金色的光芒，太阳升起，无比强大、无比光明。光明与炙热，照亮与温暖着整个地球。

太阳，对我们太重要了。当遭遇凄冷难熬的夜晚，只要一想到“明天早上，太阳还会升起，赐予我们能量！”我们便有了坚持下去的勇气。

朝阳，你和你的名字一样，就像那聚集了光和热的太阳，照亮着也温暖着身边的每一个人。

我相信，每天清晨，当全世界的人们仰望天空，看到光芒四射的太阳升起，都会发出由衷的感谢——“欢迎，并感谢你的到来，朝阳。”

朝阳，请相信，无论我们身在何方，都永远，与你在一起！

平成二十年一月二十三日

爱你的前田阿姨

在给朝阳写的信里，我这样写道。除了朝阳知道的汉字，其他都用了平假名。

之后，我给朝阳的母亲发了一封邮件。

朝阳终于可以回家了，我想她一定会很开心。

明天，我想去见朝阳。

不是为了与朝阳告别，而是去迎接她重返我们的生活，接下来的日子，朝阳会一直在我们的心里。

您能帮我转告朝阳吗？“朝阳，以后不会只有星期五才能见到前田阿姨了，以后每一天都可以和前田阿姨相见了！”

明天我会在中午十二点之前提早到达，将朝阳与我约定的绘本，还有我写给朝阳的信交给她。

在给朝阳的信中，我写道：“每天清晨，全世界的人们都会迎接和感谢朝阳的到来。”

我想，我永远都不会忘记朝阳。

我能充分感受到您作为朝阳家人的心情，但更希望您能保重身体。

最后很抱歉，冒昧地以邮件的形式表达我的感受。

第二天，在朝阳的葬礼上见到了她的母亲。她对我说：“昨天，读过您发来的邮件，我们全家人都感动得哭了。谢谢您最真诚的安慰，治愈了我们的悲伤。也因此，今天我才能比较平和地度过朝阳的告别式。父亲也非常感激您，还说要把您发来的邮件保存下来。”

听到这些，我也感到稍许宽慰。想起那一日，在我泣不成声地结束了与朝阳母亲的通话后，心中埋下的祈愿——以我的微薄之力，尽可能地去抚慰朝阳母亲的伤痛，哪怕只有一丝一毫。

朝阳，外公有话对你说

朝阳，你出生时，全家人都担心你的将来。运动是不太可能了，我们期盼你能找到其他喜欢的事情。如果是普通的孩子，我们可以慢慢抚养、陪她长大，可朝阳没有那么多的时间。不管怎样，我们都想为你寻找到生活的乐趣。为此，尝试着做了很多感觉你可能会喜欢的事情。

住院时，无论是朝阳的妈妈，还是医院的医生护士，全都使尽浑身解数，为了朝阳，竭尽全力。朝阳可能不知道吧？妈妈有时候太拼命，会累得东倒西歪。因为朝阳最爱的妈妈，在朝阳面前从来都是精力十足，为了让你可以安心地依靠。

妈妈发着烧去医院看望朝阳那次，好像是到了医院大厅，妈妈给外公打来电话，说她难受，走不动了，让外公快去帮她。外公匆忙地赶到医院，把妈妈安顿在大厅躺下休息，然后再上去看你。你一听到妈妈病了，担心地急忙到大厅那里看妈妈。你让妈妈赶快回去休息，你真的很懂事。外公还记得，有一次到朝阳的病房时，实在太累了，对朝阳说："让外公先躺一会儿。"你一直在旁边，担心地陪着外公，外公真的很感动。

是什么时候来着，你冲着外公叫"爸爸"，然后说："啊，叫错了。"外公虽然不是爸爸，但是感觉也和爸爸差不多。谁让外公是朝阳的后援团团长呢。我们经常一起吃饭，一起读绘本，一起玩各种游戏，那些日子，外公也很开心啊。

以前，外公跟朝阳说过的："朝阳很幸福啊，有四个家——朝阳自己的家、外公外婆的家、爷爷奶奶的家，还有医院这个家。"你还记得吗？无论在哪个家，朝阳都受到大家的疼爱与温暖的呵护。朝阳，也与每个家人都相处得那么融洽。你也用尽全力爱着所有人。所以，你很棒。外公为你骄傲。

没有奢望过你会升入小学。但是，你做到了。我们感动至极。去学校面谈那天，回想起来很有意思。朝阳坐在一个软软的大沙发上，兴致勃勃的样子。头倚着沙发背，双脚伸向前，那架势简直就像傲慢的大人物一样，气场比校长还要大，有趣极了。

在小学，朝阳交到了很多好朋友。

虽然有限制，但朝阳和外公还是尽可能地利用宝贵的外出和外宿时间，到处去玩。我们拥有好多美好的回忆，外公都记得。

有一次，我们商量，等下次外宿许可下来了，一起去见大分县的太郎犬，是吧？我问你想不想去，你毫不犹豫地大声回答“想去！”外公真想再带你去一次。

朝阳，你真的是一个一心向前看的孩子。你的勇敢乐观，源于你对自己的坚信不疑。“只要努力，想做的事情就一定能够实现。”

你呀，虽然身体不好，心灵却格外地健康。对人也是十分友善，性格率真开朗。外公给你打满分。

住院生活有那么多的限制，你还是能够挖掘出那么多自己喜欢的事情。

外公一直从图书馆借书给你看，你一本接一本地读，到后来，一周要借二十本才够，这可难倒外公了。不过，朝阳越来越爱读书，这最好不过了。外公也因此喜欢上了儿童绘本。外公遇到不顺心的事时，就会看书。

长期在医院的病床上度过，你却每天喊着“好忙啊！太忙啦！”外公现在知道朝阳为什么那么忙了。你有很多喜欢的事要做，有你深爱的家人和朋友要想，要做的事好多呢，对吧？

外公说明年能退休，你听后可高兴了。现在外公终于退休了。虽然还是会去做一些零工，不过终于有自己的时间了。只是外公并没有朝阳那么忙，我想是因为外公没有那么多喜欢做的事吧。说起来，还得向你学习呢。

自从朝阳走了以后，外公时常感到寂寞。不过，外公会与你最爱的妈妈，还有你的外婆，以及其他曾经支持和帮助过你的人们一起，永远守护着你带给我们的纯真而温暖的世界。

外公把爱倾注给你，却从你那里获取了更多的爱。

谢谢你，我的朝阳！

爱你的外公

朝阳，妈妈有话对你说

朝阳，妈妈多想用手指在你的小脑袋上画很多很多的小红花，就像每次你想得到表扬时那样。现在，你想不想把小脑袋伸过来，让妈妈画小红花啊？

妈妈好想对你说："你表现得很棒！妈妈为你感到骄傲！"

你肯定又会笑着说："妈妈，你把我头发都弄乱了！"

你曾问我为什么给你取名叫朝阳？在给你取名字的时候，爸爸妈妈也想了很多名字，到底要取一个什么样的名字呢。有一天，你爸爸突然问我："这个怎么样？"那个名字就是——朝阳。

"朝阳"，初升的太阳，象征着希望。"就是这个名字了！”妈妈很快决定了。爸爸妈妈都觉得，这就是最适合你的名字，你一定会好起来的。

你果然像名字一样，如初升的太阳般快乐阳光地成长起来。

有趣的是，从你两岁多开始，每年新年全家人照例去神社初拜，大家都祈祷朝阳健康平安，可是朝阳每次都祈祷“希望今年能养一只小狗。”

在你七岁那年，完成一次大手术之后，外婆帮你实现了这个愿望。给你养了一只可爱的小狗“Niko”。Niko可是一直把朝阳当作自己的妈妈呢。

说起来不可思议，Niko在我们家那么长时间，从来没有自己跑进过你的房间。而最后，当冷冷的你回到家时，它自己跑到了你的房间……我猜，它是想去陪你。

现在，我们都宠爱着Niko，就像以前疼爱你那样。它给我们带来了很多欢笑，你给它取的名字“微笑(nikoniko)”真好。我们很高兴有它陪在身边，它是你留给我们最好的礼物。

朝阳，妈妈特别感谢你曾相信妈妈对你说的“你的病很快就会好起来，加油！”。这是妈妈一生中说过的唯一一个，也是最大的一个谎言。谢谢你这么相信我。

“妈妈你说谎了？！”

朝阳不要生气。正是因为你的信任，妈妈愈发觉得，自己说的那个谎言似乎不再是谎言，也越来越相信那是真的，所以妈妈才会拼尽全力和朝阳一起并肩作战。

谎言究竟能不能变成真的呢？

让我感触最深的一次是，你三岁那年，在医院和周围所有人的反对之下，我还是坚持带你去了东京迪士尼乐园。

朝阳都不知道那次其实是妈妈硬着头皮带你去的吧？要知道，一个氧气瓶只能维持三个小时。以往我们带你出去玩的时候都是开车出行。而这次路途太远，如果乘坐新干线，除了要带至少三个氧气瓶之外，还要拿很多衣物行李；如果坐飞机的话，携带氧气瓶上飞机需要办理的手续非常麻烦，几乎不可能。那就只能开车去了对吧。可是开车的话，加上中途休息，到达迪士尼至少需要十个小时。这么长的时间，你的身体难以承受。所以，大家都说这绝对不行。

可是，在那之前，妈妈刚被医生告知："朝阳已经无法再继续治疗，剩下的时间就看朝阳的生命力如何了。"也许正因如此，妈妈才义无反顾地决定，无论如何，无论有多么艰难，无论有多么大的风险，我都要带你去迪士尼。

为了说服主治医生，趁你不在的时候，我对他说：

“如果朝阳知道，这个世界上有这么好玩的地方，那她的求生意志会不会因此而增强？”

听到这句话，原本极力反对的主治医生也终于松口同意了。

为了以防万一，主治医生还特意为我们查询了迪士尼附近的心脑血管医院地址，并为我们整理了七页多的病例和相关治疗药物等信息。

而那之后，就真的像妈妈所想的那样，越常带你出去，你就越期待下次可以去哪儿玩。

“电视里说那个游乐园会有卡通人物的表演，等我出院了，或者下次外宿时，一定要带我去哦！”

“下次带朝阳去看你最喜欢的动画电影！”

你想要去的地方，想要看的事物越来越多。

你还说：“想再去一次迪士尼乐园！”后来我们就去了，对吧？

身体状态不太好的时候，医生会告诉朝阳：“这次外宿，最好在家里乖乖休息，不要外出。”然后你对医生说：“哪儿都不能去，那外宿多没意思呀？我会戴好口罩，只出去一小会儿，这样可以吧？”

很奇妙，你果真如妈妈祈愿的那样，越来越有活力，精神头儿十足。

这就是为什么妈妈从来不想把你当成病人一样对待，从来不想在抚养你的问题上处处留情。如果什么事都酌情放宽，软弱退缩的话，估计你也会时时把自己当成病人。

说起手下留情，在玩扑克牌，还有一起打游戏的时候，我们可真是一点儿都不让着你。你输得一塌糊涂，还是不服气，嚷嚷着："再打一次！再玩一次！"这样下来，你玩得也就越来越厉害了，后来终于赢了，你兴奋得不得了。而输给朝阳，妈妈也非常不甘心，因为妈妈在和你玩时，也是非常认真的。

妈妈相信，正因为妈妈是认真的，所以朝阳也会认真地反击，对吧？同样，在你的治疗问题上，对于你的疑问，妈妈都尽可能清楚地告诉你。而你，就真的能够去理解和接受。决定做的事，从不退缩。朝阳真的是特别特别的了不起！

总之，只要是你自己认可之后，约定好的事情，你就决不会反悔。你的这股劲儿谁都佩服，你真是太棒了。

自从那次被医生嘱咐说，"被传染的话就麻烦了，所以出门要戴口罩"之后，口罩和氧气瓶便成为朝阳的必备之物。只要出了病房，自己就戴上口罩，没有都不行。

不过，你对医生说“戴上口罩出门，总可以吧”的那一次，真是印象深刻。这很像你的风格。

直到现在，妈妈才敢跟你讲……每次你做心脏导管，或者进手术室前，妈妈都笑着对你简单说一句：“没事的，马上就好，妈妈在这等你，去吧！”其实，每一次对于我们来说，都是一场巨大的考验。妈妈看起来很轻松的样子，是因为妈妈知道，你只有看着妈妈的笑脸才会安心，所以妈妈也暗下决心，一定不能在你面前表现得沮丧，也决不会哭泣。

对你说“去吧！等你回来。”是从你四岁左右开始的。有一次，做心脏导管的前一天，大家还像往常一样，对朝阳说：“明天加油啊！”你却突然大哭起来。

“做过那么多次了都没事儿，今天怎么哭了呢？”我问你。

“我不想再听到大家让我加油，朝阳一直都在努力呢，还要怎么加油啊？”

你哭得很厉害。直到那次，妈妈才意识到，原来“加油”两个字会是那么令人难受的词语。从那时起，妈妈就注意不再对你说“加油”了。

从那以后，朝阳对病房里其他小伙伴也不再说“加油”了。

当你知道好朋友快要手术，就会对她说：“朝阳也做过好几次手术了，躺在那里就可以，没事的！”

听你这么说，妈妈很吃惊。心想，你每次手术之前都害怕得哭呢，安慰起好朋友来说得倒是很好。

妈妈一直都对朝阳说：“除非是特别疼，或者特别难受的时候，才可以哭。其他的时候，都不可以。”其实，妈妈为你决定做导管治疗时，经常一个人回到家里偷偷哭泣。

不过，就像妈妈对你说的“哭能解决问题的话可以哭，哭不起任何作用的话，就不要哭。”妈妈同样以此来鞭策自己。

“妈妈还不让我哭，原来妈妈自己也哭了呀！”朝阳会不会笑话妈妈呢？但是，妈妈以前和你讲过吧？其实，妈妈小的时候也是个特别爱哭鼻子的孩子。当时，你听了很惊讶，还一副放心又高兴的样子。

从那之后，只要电视里出现悲伤的画面，你肯定转过来看我：“妈妈，你不会又哭了吧？”

每次我要离开病房时，你总是对我这个爱忘东西的妈妈说：“没有忘拿的东西吧？”“回去路上小心哦。”“下次来的时候告诉我，你回家后都好不好。”

你总是这样惦记着我，都分不清我们两个到底谁是孩子，谁是妈妈了。

说起你像小大人啊，记得有一次，还是你在保育园上学的时候，园里的老师对我说：“和朝阳聊起天来一点都不像在和小孩子聊天。小朝阳讲起话来犀利又风趣，简直可以超越大阪的欧巴桑。”听老师这样评价，你一副得意的样子。

为了选一些你的照片刊登在前田阿姨的这本书里，我翻开你的相册，大部分笑着的照片都是在保育园拍的。那时你一定过得很开心吧？送你去保育园上学真是一个明智的选择。那个时候，你的身体状况也是最好的。再后来的照片，都有些疲惫的样子。

你升入小学之后，几乎都在医院里度过了。入学典礼那天，得到了医院的外出许可，能够去参加仪式真是太好了。两个月后再去学校，同学们都还记得朝阳呢。虽然在校的时间很短，朝阳却结交了很多好朋友，还一起来家里玩，朝阳和小伙伴们玩得可真高兴啊！

现在也会有朝阳的好朋友来我们家做客呢，朝阳是不是也很开心呢？

虽然不能去学校上学，但在之后有了特别支援学校的来访教育之后，老师会每周三次定期来医院给朝阳上课，你一边说着讨厌学习，一边美滋滋地向妈妈讲述老师又教了什么。

支援学校的老师考虑到朝阳的身体状况，按照朝阳的要求，边做游戏边讲课。朝阳最喜欢的音乐啊，手工啊什么的，都在医院里学到了。

当你听老师说学校文化节的时候会有文艺演出，老师也会陪着你一起去参加的时候，你铆足了劲儿，兴奋地对妈妈说："等乐器和演奏的曲子定下来了，就会通知朝阳。到时候，妈妈一定要来看哦！"尽管最后，还是没能参加。

还好，老师将朝阳在音乐课上练习的歌曲录了音，前阵子送给妈妈，妈妈听了之后特别惊讶，原来朝阳可以唱出那么高的音呢！虽然平时知道你喜欢唱卡拉OK，带你去过几次，但是，当听你在课上认真地唱歌时，感觉都不像朝阳了。这样说你又会生我的气吧？

说起你对妈妈生气，妈妈后来发现，朝阳并不是只对妈妈一个人发脾气，原来你对大家都很"严格"。这个发现是在你又一次吐血，最后失去意识的那十天……

朝阳，大家在说什么，你都听到了吧？在给你擦身体，还有做吸引治疗的时候，医生和护士们几乎都在说："一会儿又要被朝阳批评了。""好疼呀！你太笨了！"她们把你平常发脾气时说的话，替你说了出来。

原来朝阳在医院时，经常发火啊。不过，你知道吗？每个人都说，朝阳生气归生气，可最后都会说“谢谢您”。大家都这样夸奖你呢。

想起你刚做完心脏导管回到病房的时候，麻药仍未失效，和每次一样，你又开启了迷迷糊糊的“怪兽模式”，愤怒地喊着：“你们揭止血胶太疼的！！我要自己来弄！”让你自己揭，你还是一边大哭一边喊痛。揭到最后自己实在弄不了了，守在旁边的护士开口问要不要帮你，还以为你会继续发怒，结果你突然非常有礼貌地说：“嗯，那这一块儿就麻烦您帮我弄一下了。”大家都快笑得哭出来了。这些你还记得吗？

由于做导管的次数多，相隔的时间又短，麻药的效用逐渐变弱，到后来不得不增加剂量。朝阳恢复清醒的时间也变长了。

你的“怪兽模式”会持续好长一段时间，期间，医生护士们也非常辛苦。然而，到了最后，当你从麻药中逐渐清醒，你总是不忘非常有礼貌地对大家说：“谢谢你们！”你乖巧过头的样子特别可爱。

所以，在那十天中，我们都对你说：“朝阳，你快发脾气啊！快好起来！”特别是与你斗嘴次数最多，只要一听到她的脚步声你就知道是她的那位医生，呼唤你的声音最大。每一次呼唤，你下降的血压就稍有回升，大家都说，朝阳一定能听得见。妈妈也相信，你肯定能听得见，我们对你说的话，你都听到了，对吧？

而你对大家说的“谢谢”，我想大家也都听到了。妈妈说得没错吧？

朝阳，在你临走前，对妈妈说的：“妈妈，不要哭！”妈妈也听到了。为了不惹你生气，不被你嘲笑，妈妈会更加坚强的，努力地不再悲伤哭泣。

你曾对妈妈说过无数次“谢谢”，而真正要说“谢谢”的，是妈妈才对。

朝阳，你永远是妈妈最爱的宝贝。

你选择做妈妈的孩子，妈妈很开心，真的谢谢你！

和你在一起的九年，是妈妈一生中最宝贵的时光。

谢谢你，朝阳！谢谢你带给了妈妈无尽的幸福！

爱你的妈妈

后记

不将这本书写成单纯的励志故事，这是我从提笔那刻便确定的目标。原本苦闷枯燥的抗病生活，被朝阳及家人过得丰富多彩。人与人交往的过程中，最重要且不可缺少的那些品格，丝毫没有被抗病生活的艰难苦痛磨灭，是母亲将生命的价值成功地传达给了自己的女儿。朝阳母亲刚强坚韧的精神力量支撑着朝阳，渐渐地，朝阳这颗“初升的太阳”本身也成为这股力量的源泉。

在未来的日子里，我依旧会时常与朝阳聊天。把我看到的那些美丽的景色，遇到的那些有趣的人和事一一告诉朝阳，这样朝阳依然能感受到我分享给她的快乐。在我的心中，永远会有一处只属于朝阳的、特别的位置。

我只参加了朝阳的告别式，没能去灵前守夜。后来听说，去参加守夜的足有四百五十人之多，而大多数人都曾与朝阳相识。短短九年里，能达到的这个数字令我十分震惊。

“她就是特别喜欢和人聊天的孩子，虽然小学只去了一个半月左右，在那里认识的朋友，还有在医院、保育园结识的朋友，附近的邻居……很多认识朝阳的人都去为她守夜并给她送行，想到朝阳能够在这么多好朋友心中继续活下去，我们十分感激。”看着朝阳母亲发来的邮件，不禁让我再次回想起朝阳是一个多么开朗的孩子，她短短的一生几乎都在为周围的人带去欢乐。毋庸置疑，朝阳走过的是令人钦佩的绝美人生。

她在医院出生，成长中的大部分时间都在医院度过，直到最后在医院离开……在这种苦涩的环境中，朝阳却长成了一朵甜美的向阳花。

朝阳的母亲，如今在顽强地生活着。告别式过去一周后便回去工作了。朝阳的母亲给我发邮件说：“将悲伤忧郁一扫而尽，一心扑在工作上，这样就不会被朝阳批评了。”她没有失去朝阳，相反，我相信，摆脱了病痛、获得新生的朝阳给予了母亲更多的信念和勇气，会陪母亲一同走下去。

现在，我能平静地回想起这个小女孩，她曾拥有的最大心愿就是“希望妈妈幸福”。我相信，朝阳生命的色彩在她最爱的母亲心中永不褪色。

朝阳住院期间，我与朝阳的母亲只见过几次面。而真正熟识起来，是在朝阳过世之后。我对自己当初对朝阳的母亲说，想把她和朝阳的经历写下来这件事深感羞愧，我并没有任何写作经验，如此唐突的想法未免有些失礼，也有些傲慢。特别是当我愈发感到，朝阳和她的母亲内心拥有的珍贵的情感，我是很难用语言表达出来的。

但是，一想到有那么多人曾给予我鼓励和支持，而最重要的是朝阳的家人也期待着这本书的出版，这些期待成为我的动力。于是我鼓起勇气，就像当初所想的一样，将朝阳的人生用文字的形式记录下来。

有时我不禁会想，这个可爱的孩子如果能健康地长大，将来会成为怎样的人呢？一定是一个给周围的人们带去无限欢乐和勇气的女孩吧。想到这里难免伤怀。

但一想到朝阳教给我的“努力活好当下”的精神，心情便缓和许多。不经意间消沉的自己恐怕又会被乐观向上的朝阳批评吧。我们时常会听到“展望未来，积极向上”之类的话语，而朝阳的人生哲学莫过于“展望未来之前，首先活好当下”。

这种精神燃起了我对生活的热情，让我更加勇敢、更加珍惜当下，也更加热爱生活。遇见朝阳真好！

最后，特别感谢朝阳的母亲，当我对她说出写书的想法时，她爽快地答应了。并对我说：“我很高兴，我们与朝阳的许多回忆能够在前田女士的文字中保留下来。”悲痛之余，朝阳的母亲能够给予我最大的理解与支持，我十分感动。她给我的邮件中说道：“讲起朝阳的事情来，没有什么悲伤，其实挺开心的。每次读到前田女士您发给我的邮件都觉得很高兴，感觉朝阳又回来了，像是我们三个人在一起聊天一样……”

朝阳母亲的话语给予我很大的力量，促使我完成了这部作品，希望朝阳能继续活在大家的心中。

再次感谢朝阳的母亲，以及朝阳的家人。

还有，谢谢你，朝阳！

致谢

我时常感慨：身边的缘分应好好珍惜。

当初到医院做志愿者，只是单纯地想尽自己的绵薄之力，回报那家治愈了我心律失常病症的心血管病医院。未曾想，做志愿者的十六年中，我所得到的远远超出了我付出的。在那里，我收获了人生中最珍贵的礼物——丰富的内心。这令我更加珍爱生命，感恩能够平安度过的每一天，也让我认识到坚强、乐观的态度在一个人的生命中有多么重要。而正是朝阳启发了我，是她令我认真思考“如何幸福地活着”这个生命中的重要课题。

能够遇到善良、谦虚又优秀的译者，能够在中国大陆顺利出版，我感到非常幸运。我相信，这是朝阳赐予我们的缘分。

如果通过这本书能让更多的中国读者认识朝阳，我想，喜欢交朋友的朝阳一定会万分欢喜。真挚而温暖的感情成为连结你我的缘分，我觉得十分幸福。

这一刻，我心中思念着朝阳，期待着中文版本的面世。

最后，感谢所有参与本书出版的人士，并衷心感谢本书的译者——项琳琳女士。

前田妙子

本次出版事宜得到了以下各方的大力支持和协助。在此深表谢意。

◎ 大阪东南扶轮社／大阪東南ロータリークラブ

◎ 亚洲商务联合协会／一般社団法人アジアビジネス連携協議会

◎ NPO法人退休养老信息中心、同理事长・竹川忠徳先生／NPO法人リタイアメント情報センター、同理事長・竹川忠徳

◎ 前田妙子著《朝阳，谢谢你》中文翻译出版协会（西泽信善、阿贺敏雄、东屋弘、伊丹淳一、越智克司、曾根源藏）／前田妙子著『朝陽　いっぱいのありがとう』中国語翻訳刊行会（西澤信善、阿賀敏雄、東屋弘、伊丹淳一、越智克司、曽根源蔵）

除了朝阳和两位志愿者之外，其他人的名字均为虚构。